卵・乳製品・白砂糖を使わずにつくる

本当においしい
ヴィーガンお菓子

Dragon Michiko
山口道子

JN011477

柴田書店

はじめに

　小さい頃から、お菓子を作るのも食べるのも好き。仕事でもお菓子に携わってきました。ただ、作ってきたのは、いわゆる一般的な洋菓子。植物性素材だけで作るヴィーガンのお菓子に出会ったのは、10年ほど前のことです。知合いの方がヴィーガンの食生活をはじめ、食べられるお菓子がないと困っていたので、作ってみようと思ったのがはじまりでした。

　当時は情報も少なく、初めて作ったヴィーガンお菓子は、今まで親しんできたお菓子とはかけ離れたものであることに驚きました。なぜだろう？この素朴な疑問をきっかけに、研究心をかき立てられたのです。

　体にやさしいことは、もちろん大切。でも、その条件を満たすのと同時に、味も見た目も妥協したくないと思いました。卵やバター、牛乳などを使ったおいしいお菓子と同じように満足できるヴィーガンお菓子を作りたい。お菓子の名前からイメージされる味や姿を、ヴィーガンで表現したい。試行錯誤の連続でしたが、

発見もたくさん。そして、納得できるお菓子が作れるようになるにつれて思いました。ヴィーガンお菓子は、素材の味がはっきり感じられ、後味も軽やかで、おいしい！まわりのヴィーガンの方、そしてヴィーガンではない方にも喜んでいただくことができ、2018年に「Dragon Michiko」というお店をもちました。

　じつは私は、私のお店のお菓子がヴィーガンお菓子であることを強調しなくてもよいなぁと思っています。大事なのは「おいしい」ということだから。ヴィーガンであるかどうかを意識せずにおいしいと思っていただけるヴィーガンお菓子が、私のテーマです。

　この本でご紹介しているお菓子はどれも、シンプルで作りやすいレシピです。さまざまなジャンルのお菓子があり、それぞれによさがあるなかで、ヴィーガンお菓子もいいね、今日はヴィーガンお菓子が食べたいなと気軽に楽しんでいただけたら、とてもうれしく思います。

本当においしいヴィーガンお菓子

もくじ

・オーブンの温度や焼き時間は目安です。熱源や機種などによって多少差が出るので、様子をみながら加減してください。なお、この本ではガスオーブンを使っています。
・ケーキやマフィンの焼き上がりは、竹串で確認すると確実。竹串を生地の中央にさし、生の生地がついてこなければOKです。
・レモンやオレンジは、防腐剤・ワックス不使用のものを使っています。
・材料欄に表示した「正味」とは、皮、芯、種などを除いた、実際に使う部分の重量のことです。

アートディレクション・デザイン　関 宙明（ミスター・ユニバース）
撮影　松村隆史
編集　萬歳公重
制作進行　井上美希（柴田書店）

Dragon
Michiko

こんなお菓子が登場します

1

ヴィーガンの方にとっても、
ヴィーガンではない方にとっても、
おいしい！

どのお菓子も、卵、バター・牛乳・生クリームといった乳製品などの動物性素材を使わず、すべて植物性素材で作る「ヴィーガン」のお菓子です。白砂糖も使わず、体に負担の少ない材料で作るやさしい味わいですが、同時に一般的な洋菓子でイメージされるコクや心地よい食感、シンプルでいて魅力的な姿もテーマとしています。親しみやすい焼き菓子をメインに、卵や牛乳で作るおやつの定番・プリンもヴィーガンで登場！満足感がありつつ軽やかな、大切な人に作ってあげたくなる、贈りたくなるお菓子たちです。

2

何度でも作りたくなる
シンプルレシピ

レシピが複雑だと素材が引き立ちにくく、また、間違えやすく面倒にもなってしまうことから、できるだけ余分をはぶいてでき上がったのが、現在のレシピです。この本では、食べきりやすいサイズの型を選ぶなど、ご家庭での作りやすさにも配慮しました。お菓子作り初心者の方にも気軽に作っていただけます。

3

季節を問わない素材がメイン

「Dragon Michiko」では四季に応じて旬が短い素材もとり入れていますが、この本では、具材などは年間を通じて入手しやすいものや、ポピュラーなものを中心にしました。基本的な素材をそろえておけば、気が向いた時に作れるお菓子の選択肢が豊富です。

4 "きほん"でよりわかりやすく

どの章でもベーシックなお菓子のレシピを、"きほん"としてプロセスカットつきで詳しくご紹介しています。各章のお菓子の作り方の特徴やポイントは、ここをチェックしてみてください！

5 オリジナルの味や、形のアレンジも提案

ケーキやマフィン、スコーンの章では、プレーンな生地をご紹介するとともに、好みの素材を加えて自分だけの味を作る楽しみ方もご提案。また、一部のケーキは型をかえても作れますし、スコーンは型抜きとスプーンで落とすタイプのどちらでも作れます。

6 おいしさのひみつも公開

卵やバターなどを使わずに、おいしさを生む秘訣。味わいのイメージをふくらませ、応用にも役立てていただけるよう、レシピの背景にある考え方や工夫についてのお話も散りばめました。

7 よい素材でいっそうおいしく

よい素材はお菓子をよりおいしくしてくれます。そして、大切な人にはナチュラルなものを食べてほしい。そんな自然な流れから、オーガニックを中心に、吟味した素材を使っています（ご参考までに、おもな銘柄をP.92に掲載）。ただ、無理はせず、可能な範囲で。何ごとにおいても、こだわり過ぎないことも大事かなと思うのです。おおらかにお菓子作りを楽しみましょう！

こんな素材を使います

4つの

薄力粉

豆乳

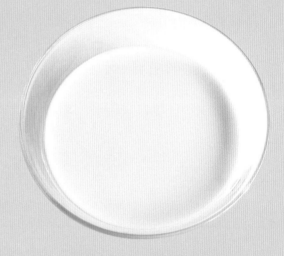

生地のベースになります。安全・安心を考えて国産小麦を選択。風味も舌ざわりも軽やかに仕上がると感じた銘柄を使っています。

無調整タイプで大豆固形分が9%のものを使用。大豆のクセが出ないよう、大豆固形分が高すぎず、サラッとしているものを選んでいます。

一般的な洋菓子のきほんの材料といえば、薄力粉、卵、バター、砂糖ですよね。ヴィーガンのお菓子では卵やバターを使わないので、これらを植物性素材でどう置きかえ、おぎなうかがひとつのカギといえます。卵とバターのおもな成分をあげると、卵はたんぱく質や脂質や水分、バターは脂質や水分。もちろん、完全な置きかえはできませんが、卵やバターのかわりに、豆乳や植物油でたんぱく質や脂質、水分をおぎなえます。こうした考え方もとり入れて、レシピのほとんどで下記の4つの素材を軸としています。

きほん素材 〰〰〰〰〰〰〰〰〰〰〰〰〰〰〰〰〰〰〰〰〰

太白ごま油

てんさい糖

植物油のなかでもクセがないと感じた、太白ごま油を使用。ごまを煎らずに昔ながらの圧搾法で搾ったもので、透明度が高く香りもなく、ほかの素材を生かします。

白砂糖は使わず、血糖値上昇がゆるやかで体への負担が少ないてんさい糖を使用。甜菜（砂糖大根）が原料で、ミネラルを含み、やさしい甘さ。溶けやすい粉末タイプを選びましょう。手に入りにくければ、きび砂糖にかえても。

きほん素材をおぎなう6つの素材

4つのきほん素材に次いで特徴的な素材。
きほん素材と組み合わせることで、
お菓子の風味や食感がより豊かなものになります。

強力粉

全粒粉

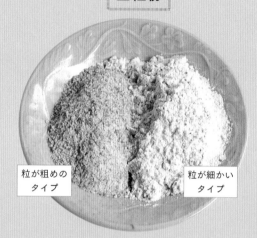

粒が粗めの
タイプ

粒が細かい
タイプ

薄力粉よりもたんぱく質が多く、グルテンの形成量が多いため、薄力粉と合わせて使うとよりふっくらした生地を作れます。なお、強力粉も全粒粉も国産のものを選んでいます。

小麦をまるごと挽いた粉。強力全粒粉を使っています。独特のこうばしい風味や、ざらっとした歯ざわりを生地にプラス。私はマフィンやケーキには粒が細かいタイプ、スコーンには石臼挽きの粒が粗めのタイプを選んでいますが、そこまでこだわらなくてもOKです。

アーモンドパウダー

おもにケーキに皮なしタイプを使用。脂質が豊富で、リッチなコクのある、しっとりした生地に仕上げるのに役立ちます。

ベーキングパウダー

生地をふくらませる膨張剤。アルミニウム（ミョウバン）不使用のものを選んでいます。

ココナッツミルク

水分とともに脂質も多く含むので、豆乳だけではコクが足りない場合などに使用し、とくにマフィンで大活躍。ココナッツの味は主張させない使い方をしています。冬などに油分が分離して固まっている場合は、湯煎にかけて均一な状態にしてから使います。余ったら密閉容器に移し、冷蔵では2日ほどしかもたないので、冷凍保存するのがおすすめです。

メープルシロップ

ダークタイプ

ゴールデンタイプ

カエデの樹液を煮詰めて作られる甘味料。独特のコクがあり、てんさい糖にプラスすると、深みのある甘さを表現できます。私は焼き菓子には色も風味も濃厚なダークタイプ、プリンには色が淡く繊細な風味のゴールデンタイプを使っていますが、手に入りやすいもの1種類で統一してもOKですよ。

そのほかの素材あれこれ

登場回数が多い素材をピックアップしました。

塩

味わいを引き締め、甘さにメリハリを生みます。ミネラルを含み、まろやかさのある粗塩（海塩）を使っています。

レモン汁

おもにケーキに使用。最近は瓶入りのオーガニックの市販品をよく見かけるようになり、手軽に使えて便利です。

洋酒

グラン・マルニエ

ラム酒

ブランデー

キルシュ

保湿や香りづけの目的で使います。それぞれ風味に特徴があり、各レシピにおすすめの種類を記していますが、基本的にどの洋酒も合うので1種類で統一してもかまいません。

バニラエクストラクト

バニラビーンズから香りを抽出した天然香料。お菓子の香りに豊かな広がりを与えます。

チョコレート

乳製品や白砂糖などを使わずに作られた製品を使用。カカオ分61％のものを選んでいます。お好みのものでどうぞ。なお、ココアパウダーも乳製品や砂糖など不使用の、ピュアなものを使っています。

ナッツ

くるみ　カシューナッツ
ヘーゼルナッツ（空焼きして皮をむいた状態）
アーモンド　マカダミアナッツ

こうばしい風味やカリッとした食感などがお菓子のアクセントに。5種類登場しますが、それぞれ好みの種類にかえても○Kです。空焼きするナッツは、一度にまとめて空焼きして（量が多い場合、160℃のオーブンで15分が目安）冷凍保存しておくと、すぐに使えて便利。

こんな道具を使います

シンプルなレシピなので、道具もシンプルです。

きほんの道具

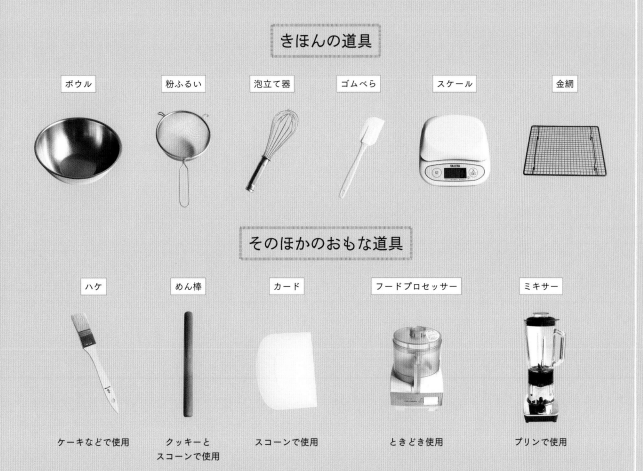

| ボウル | 粉ふるい | 泡立て器 | ゴムべら | スケール | 金網 |

そのほかのおもな道具

| ハケ | めん棒 | カード | フードプロセッサー | ミキサー |

ケーキなどで使用　　クッキーとスコーンで使用　　スコーンで使用　　ときどき使用　　プリンで使用

ボウル

粉類をふるい入れて生地を作るメインのボウルは、まわりに粉がとび散りにくい、大きめ（直径24cmくらい）のものが使いやすいです。

粉ふるい

持ち手つきのざる（ストレーナー）を使用。薄力粉とともに全粒粉や刻んだナッツなどをふるう場合、大きな粒はざるに残りますが、最後にそれらもすべてボウルに入れてください。

ゴムべら

プリンでは混ぜながら加熱する工程もあるので、耐熱性のものを。

スケール

デジタルスケールは、ボウルをのせてから0gにセットして材料を順に加えていくこともできて便利。

フードプロセッサー

いくつかの材料を細かく刻むほか、「クラシックショコラ」（P.40）、「ラズベリーショコラ」（P.42）で材料をなめらかになるまで混ぜ合わせるのに使います。

ミキサー

プリンの材料をしっかり混ぜ合わせるのに使います。ハンドブレンダーでも代用可能です。

こんなふうに作ります

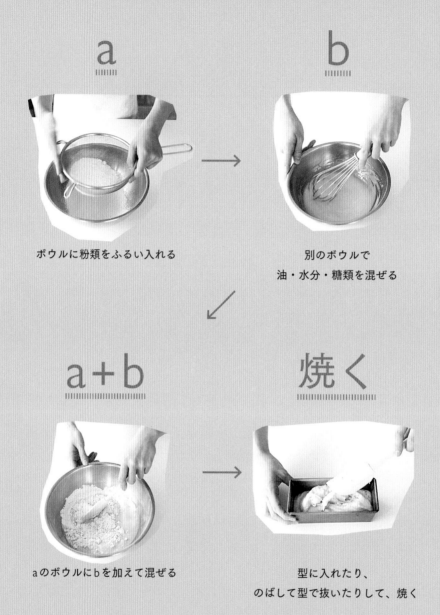

a
ボウルに粉類をふるい入れる

b
別のボウルで
油・水分・糖類を混ぜる

a＋b
aのボウルにbを加えて混ぜる

焼く
型に入れたり、
のばして型で抜いたりして、焼く

プリンはまた異なりますが、焼き菓子は基本的に上記の要領で作れます。aとbを合わせてから具材を加えたり、糖類をbではなくaに入れたりといったいろいろなバリエーションがありますが、いずれにしてもシンプル！

なお、ワンボウルで作れるお菓子も数品あります。卵やバターを使わないので、バターを室温にもどす時間や、卵を泡立てたり、バターに卵を混ぜたりする時のテクニックもいりません。洗いものや後片づけも楽ですよ。

お菓子のレシピ

chapter 1

ケーキ ^{c a k e}

おいしさのひみつ

◎アーモンドパウダーでしっとり

ご紹介するケーキの多くは、バターケーキ（パウンドケーキ）の生地をイメージしたもの。
アーモンドパウダーを加えることで、バターを使わなくても、軽やかでいてコクのある、
バターを加えたかのようなしっとりした生地に仕上げることができます。

◎強力粉で食べ心地をアップ

薄力粉に強力粉を少量プラスすることによって、
卵なしでもふっくらした、より食べ心地のよい生地になります。

◎レモン汁が "バター感" のカギ

乳酸菌で発酵させて作られる発酵バターは、ほのかな酸味や芳醇な風味が特徴。
レモン汁を加えることでこの発酵感を表現でき、バターケーキらしさが高まります。

◎洋酒を塗ってさらにしっとり

焼き上がったら洋酒を塗って保湿し、乾燥を防ぎます。
いっそう香りよく品のよい風味にもなり、一石二鳥。
なお、使うのはアルコールが気にならない程度の量ですが、
お酒が苦手な場合は省略しても大丈夫です。

Dragon
Michiko

パウンドケーキ

きほん

パウンドケーキ

表面はサクッ、中はしっとり。シンプルでいて味わい豊か。
アーモンドの香りと軽やかなコクも魅力です。
最初に作るヴィーガンお菓子としてもおすすめです！

● 材料（17 × 7 ×高さ 6cmの
パウンド型 1 台分）

a　薄力粉…115g
　　強力粉…15g
　　アーモンドパウダー…20g
　　ベーキングパウダー…7g
　　塩…1g

b　太白ごま油…70g
　　豆乳…80g
　　てんさい糖…60g
　　レモン汁…5g
　　バニラエクストラクト…少々

洋酒（グラン・マルニエなど）…適量

● 下準備

・型に太白ごま油（分量外）をハケで
　塗り、底面にオーブンシートを敷く。

・オーブンを 160℃に温める。

1

aを合わせてボウルにふるい入れ
る。ざるに残ったアーモンドパウ
ダーなどもすべてボウルに入れる。

2

材料を入れるごとに
混ぜたほうが、全体
がよく混ざります

別のボウルにbを上から順に入れ、
そのつど泡立て器で混ぜる。

3

てんさい糖のザラザラ感がなくな
り、油がなじんで白っぽくなれば
OK。

4

1 に 3 を加えてゴムべらでさっく
りと混ぜる。最初は中央で 8 の字
を描くようにして混ぜると、粉が
とび散りにくい。

5

混ざってきたら、周囲をぐるりと
はらうようにして混ぜ、その後、
底からすくうようにして混ぜると、
効率よく混ざる。

6

混ぜすぎると食感が
固くなるので気をつ
けて

粉っぽさがなくなり、全体が均一
になれば混ぜ終わり。

オリジナルケーキも作れます！
40gくらいまでなら、好みの具材を「パウンドケーキ」の生地に加えることもできます。具材は**5**でまだ粉っぽさが残っているうちに加えましょう。詳しくは→P.88。

7

ゴムべらで型に入れる。パレットナイフやゴムべらで角まで生地を行き渡らせ、平らにならす。

8

パウンド型の場合のみ行う作業。きれいな割れ目ができやすくなります

中央に縦線を1本、パレットナイフやテーブルナイフなどを底までさし入れて引く。

9

忘れても大丈夫ですが、気づいたらやりましょう

5cmほどの高さから型を台に1回打ちつける。余分な空気を抜いて生地のきめをととのえる、念のためのひと手間。

10

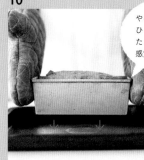

やはり念のためのひと手間。気づいたら行うくらいの感覚で大丈夫です

160℃のオーブンで20分、天板の前後を返してさらに15分焼く。9と同様に型を天板に打ちつけて熱い空気を抜き、焼き縮みを防ぐ。

11

熱いうちに表面に洋酒をハケで塗る。よりしっとりして風味もアップ。熱いうちに塗るとアルコール分がとびやすく、よい香りは残る。

12

粗熱がとれたら型と紙をはずし、底面と側面にも洋酒を塗り、冷まず。まだほんのり温かいうちにラップで包むと、より乾燥を防げる。

お好みの厚さにカットして、生地そのもののおいしさを味わってください。フルーツや豆乳クリームなどを添えるのもおすすめ

ほかの型でも！
直径12cmの丸型や、口径15cmのクグロフ型でも作れます。詳しくは→P.89。

ウィークエンド

カリッとした外側が多い端っこと、ふわっとした中身が多い真ん中。好みで選んでもらうのも楽しい

お店でも人気の高い、レモン風味のさわやかなケーキ。
サワークリームを思わせるようなまろやかなコク、
シャリッとしたアイシングが、もうひと口を誘います。

● 材料（17×7×高さ6cmのパウンド型1台分）

a｜ 薄力粉…115g
　　強力粉…15g
　　アーモンドパウダー…20g
　　ベーキングパウダー…7g
　　塩…1g

b｜ 太白ごま油…70g
　　豆乳…70g
　　てんさい糖…65g
　　レモン汁…15g
　　レモンの皮のすりおろし…1/4個分
　　バニラエクストラクト…少々

洋酒（グラン・マルニエなど）…適量
＊レモンのアイシング…約1/2量
ピスタチオ（好みで。粗く刻む）…適宜

● 下準備＆作り方

1 「パウンドケーキ」（P.17）と同じ手順で生地を作って焼き、洋酒を塗る。
2 1を金網にのせ、上面にレモンのアイシングをゴムべらなどでのせて、パレットナイフやゴムベラなどで塗り広げる（P.23も参照）。好みでピスタチオを飾り、乾かす。

ほかの型でも！
直径12cmの丸型や、口径15cmのクグロフ型でも作れます。詳しくは→P.89。

＊レモンのアイシング

●材料（約2台分）
てんさい糖…30g
コーンスターチ…4g
レモン汁…8g

1 ボウルにすべての材料を入れ、泡立て器でよく混ぜる。15〜30分室温におく。
2 ふたたび混ぜててんさい糖を溶かす。ザラザラ感がなくなってなめらかになればOK。溶けにくければ、また少し時間をおいてから混ぜる。

※レモンの皮の細切りを少量混ぜてもきれい。ピスタチオを飾らなくても、皮の黄色がアクセントになります。
※清潔な密閉容器に入れ、冷蔵で約3日間保存可能。よく混ぜてから使います。

＊いちごのアイシング
（P.23で使用）

レモン汁のかわりに、へたをとってつぶしたいちご10gを使って、「レモンのアイシング」と同様に作る。保存の方法や期間なども同じ。

いちごのウィークエンド

「ウィークエンド」（P.20）のいちごバージョン。
いちごミルクのような味わいもピンク色もロマンチック。
小さめの丸型で焼くことで、いっそうかわいらしい雰囲気に。

直径12cmの丸型は、ギフトにもしやすいサイズ。ホールケーキならではの特別感がありつつ、小さめなので相手に気を使わせることなく気軽に贈れます。4等分が1人分の目安。少し冷やして食べるのも、アイシングがよりシャリッとなっておすすめです

● 材料（直径12cmの丸型1台分）

a | 薄力粉…115g
　 | 強力粉…15g
　 | アーモンドパウダー…20g
　 | ベーキングパウダー…7g
　 | 塩…1g

b | 太白ごま油…70g
　 | 豆乳…40g
　 | いちご（へたをとってつぶしたもの）…40g
　 | てんさい糖…60g
　 | レモン汁…6g
　 | バニラエクストラクト…少々

洋酒（グラン・マルニエなど）…適量
＊いちごのアイシング（P.21）…約1/2量
ラズベリーフレーク（フリーズドライ。好みで）…適宜

アイシングは、洋酒を全体に塗った後のまだぬくもりがあるくらいの生地にのせると薄くのばしやすく、縁まで塗り広げると自然と側面にたれます。気温や湿度が低い季節のほうがはやく乾きます

● 下準備

・型にオーブンシートを敷く（P.89）。
・オーブンを160℃に温める。

● 作り方

1 「パウンドケーキ」（P.17）と同じ手順で生地を作って焼き、洋酒を塗る。
2 1を金網にのせ、上面にいちごのアイシングをゴムべらなどでのせて、パレットナイフやゴムべらなどで塗り広げる。好みでラズベリーフレークを飾り、乾かす。

最後にふるラズベリーフレークも、可憐な表情を作るひとつの要素。ピスタチオやココナッツファインなど、飾りはお好みで。飾らなくてもOK

ほかの型でも！
17×7×高さ6cmのパウンド型や、口径15cmのクグロフ型でも作れます。詳しくは→P.89。

アップルティーケーキ

素朴な焼き色の内側には、りんごがいっぱい。

しっとりした生地や紅茶の香りとハーモニーを奏でます。

幼なじみのお友だちと一緒にいるような、心くつろぐ味わいです。

直径15cmの丸型は、少人数の家庭で食べきりやすいサイズ。カット数はお好みですが、8等分が切り分けやすいです

🔵 材料（直径15cmの丸型1台分）

a 薄力粉…150g
強力粉…15g
アーモンドパウダー…20g
ベーキングパウダー…8g
紅茶の茶葉（アールグレイなど）…3g
塩…1g

りんご…中約1個（正味170g）
太白ごま油…6g
てんさい糖…12g
レモン汁…6g
ヘーゼルナッツ…25g
洋酒（ブランデーなど）…適量

b 太白ごま油…80g
豆乳…100g
てんさい糖…75g
レモン汁…7g

🔵 下準備

・りんごは縦8等分に切って芯と皮を除き、薄いいちょう切りにする。太白ごま油を熱した鍋に入れ、てんさい糖、レモン汁を加えてしんなりするまで炒めて、冷ます。

・ヘーゼルナッツは160℃のオーブンで10分空焼きし、皮つきの場合は皮をむき、粗く刻む。

・紅茶の茶葉はミルサーなどで細かく挽く（ティーバッグの茶葉など、もともと細かいものであれば、そのままでOK）。

・型にオーブンシートを敷く（P.89）。

・オーブンを160℃に温める。

りんごは紅玉やふじなど、サクサクした品種がおすすめ。アップルティーのイメージで紅茶と合わせたやさしい風味

🔵 作り方

1 **a**をボウルにふるい入れる。別のボウルに**b**を上から順に入れ、そのつど泡立て器でよく混ぜる。

2 **a**に**b**を加えてゴムべらでさっくりと混ぜ、りんごとヘーゼルナッツも加え混ぜる。

3 型に入れてならす。160℃のオーブンで20分、天板の前後を返してさらに25分焼く。

4 表面に洋酒を塗る。粗熱がとれたら型と紙をはずし、底面と側面にも洋酒を塗る。

秋を感じさせる、こうばしいヘーゼルナッツがアクセントに。皮つきの場合は空焼き後、冷めてから指でこするようにして皮をむきます。むけない箇所はそのままでかまいません

バナナケーキ

オーブンからただようバナナの甘い香りに癒されます。
しっとりふわふわ、だれからも愛される味わい。
縁にバナナをぐるりと並べて焼くのがお気に入りです。

焼く前に並べたバナナは、焼いて生地が
ふくらむと沈んでかわいい縁どりになり
ます。冠みたいとおっしゃる方も

🍩 材料（直径15cmの丸型1台分）

a
薄力粉…140g
強力粉…25g
アーモンドパウダー…35g
ベーキングパウダー…8g
ブルーポピーシード…4g
シナモンパウダー…1g
塩…1g

b
バナナ（完熟）…正味160g（中約2本分）
太白ごま油…80g
豆乳…55g
てんさい糖…50g
メープルシロップ…12g
レモン汁…8g
洋酒（ラム酒など）…少々
バニラエクストラクト…少々

バナナ（完熟。飾り用。5mm厚さのスライス）
…約34枚
洋酒（ラム酒など）…適量
メープルシロップ（好みで）…適宜

仕上げにメープルシロップを塗ると
つやつやに。ほかのケーキやマフィ
ンにも使えるアイデア（P.90）です

🍩 下準備

・型にオーブンシートを敷く（P.89）。
・オーブンを160℃に温める。

バナナがたっぷり。ブルーポピーシ
ードなしでも作れますが、加えると
プチプチした食感がアクセントに

🍩 作り方

1 aをボウルにふるい入れる。別のボウルにbのバナナを入れて泡立
て器でつぶし、なめらかになったらbのほかの材料を上から順に加
えてそのつど泡立て器でよく混ぜる。

2 aにbを加えてゴムべらでさっくりと混ぜる。

3 型に入れてならし、飾り用のバナナを型の縁にそってずらし重ねる
ようにして並べる。160℃のオーブンで20分、天板の前後を返して
さらに25分焼く。

4 表面の生地とバナナに洋酒を塗る。粗熱がとれたら型と紙をはずし、
生地の底面と側面にも洋酒を塗る。つやを出したい場合は、バナナ
を中心に上面にメープルシロップを薄く塗る。

茶色い斑点が出てきたら完熟の合図。
完熟前の甘みが弱いバナナを使う場
合は、てんさい糖を少し（プラス8g
くらいまで）増やしてもOKですよ

コーヒーバナナケーキ

バナナと相性のよいコーヒーを組み合わせた、大人向けのバナナケーキ。
チョコレートのほろ苦さもプラスして深みのある味わいに。

甘いものが苦手な方にもおすすめの、ビター感のあるケーキ。半割りバナナをのせて見た目でもインパクトを出しました

● 材料 （17×7×高さ6cmのパウンド型1台分）

a
薄力粉…75g
強力粉…10g
アーモンドパウダー…10g
くるみ…10g
コーヒー豆…6g
チョコレート…5g
ベーキングパウダー…4g
シナモンパウダー…少々
塩…少々

b
バナナ（完熟）…正味80g（中約1本分）
太白ごま油…40g
豆乳…27g
てんさい糖…27g
メープルシロップ…6g
レモン汁…4g
洋酒（ラム酒など）…少々
バニラエクストラクト…少々

バナナ（完熟。飾り用。縦に半割りにしたもの）
…中約1/2本
シナモンパウダー…少々
洋酒（ラム酒など）…適量
メープルシロップ（好みで）…適宜

● 下準備

・くるみは160℃のオーブンで10分空焼きし、粗く刻む。
・コーヒー豆はミルなどで細かく挽く（挽いてある粉を使ってもOK）。
・チョコレートは粗く刻む。
・型に太白ごま油（分量外）を塗り、底面にオーブンシートを敷く。
・オーブンを160℃に温める。

コーヒー豆は好みのものを。私は体へのやさしさを意識してディカフェを選ぶことが多いです。深煎りのほうが風味がしっかり生地に残ります

● 作り方

1 **a**をボウルにふるい入れる。別のボウルに**b**のバナナを入れて泡立て器でつぶし、なめらかになったら**b**のほかの材料を上から順に加えてそのつど泡立て器でよく混ぜる。

2 **a**に**b**を加えてゴムべらでさっくりと混ぜる。

3 型に入れてならし（P.19で記した、生地に縦線を引く工程は不要）、飾り用のバナナをのせ、シナモンをふる。160℃のオーブンで20分、天板の前後を返してさらに15分焼く。

4 表面の生地とバナナに洋酒を塗る。粗熱がとれたら型と紙をはずし、生地の底面と側面にも洋酒を塗る。つやを出したい場合は、バナナを中心に上面にメープルシロップを薄く塗る（P.27も参照）。

ほかの型でも！
直径12cmの丸型でも作れます。詳しくは
→P.89。

パイナップルクランブルケーキ

ジューシーなパイナップルと
サクサクのクランブルの相性が抜群。
りんごや桃で作ってもおいしいです。

クランブルのサクサク感が際立つ温かい
うちにどうぞ。時間がたったらトースター
で温めるとよいですよ。デコレーショ
ンアイデアは→P.90

● 材料（18cm角の角型1台分）

a 薄力粉…170g
　強力粉…22g
　アーモンドパウダー…30g
　ベーキングパウダー…10g
　塩…1g

b 太白ごま油…105g
　豆乳…120g
　てんさい糖…75g
　カレンズ（P.85）…10g
　レモン汁…6g
　バニラエクストラクト…少々

パイナップル（生）…正味280g
太白ごま油…5g
てんさい糖…30g
レモン汁…8g
洋酒（ラム酒など）…少々
＊クランブル生地…120g
シナモンパウダー（好みで）…適宜
洋酒（ラム酒など）…適量

カットパインを使うと手軽。焦げめ
がつくまで加熱すると甘さが抑えら
れ、こうばしさが引き立ちます

● 下準備

・パイナップルは厚さ7mmほどのひと口大に切る。太白ごま油を熱し
　た鍋に入れ、てんさい糖、レモン汁を加えて炒める。焦げめがつい
　たら洋酒少々を加え、水分がとぶまでさらに炒めて、冷ます。
・型にオーブンシートを敷く（P.89）。
・オーブンを160℃に温める。

● 作り方

1 aをボウルにふるい入れる。別のボウルにbを上から順に入れ、そ
　のつど泡立て器でよく混ぜる。
2 aにbを加えてゴムべらでさっくりと混ぜる。
3 型に入れてならし、表面にパイナップルを並べる。さらにクラン
　ブル生地を指でそぼろ状にほぐしてのせ、好みでシナモンをふる。
　160℃のオーブンで20分、天板の前後を返してさらに25分焼く。
4 粗熱がとれたら型と紙をはずし、底面と側面に洋酒を塗る。

＊クランブル生地

● 材料（作りやすい分量）

a 薄力粉…80g
　強力粉…20g
　くるみ（粗く刻む）…30g
　てんさい糖…5g
　塩…1g

b 太白ごま油…50g
　メープルシロップ…30g
　バニラエクストラクト…少々

1 aをボウルにふるい入れる。別のボウ
　ルにbを入れて泡立て器でよく混ぜる。
2 aにbを加えてゴムべらでさっくりと
　混ぜ、ひとまとめにする。
3 冷蔵庫で30分以上冷やす。

※清潔な密閉容器に入れ、冷蔵で約2週
　間保存可能。使う時に指でそぼろ状に
　ほぐします（上写真）。冷凍もできます。

キャロットケーキ

フロスティングをかけず、スパイスもひかえめにした、
軽やかな味わいのキャロットケーキ。
素朴なお菓子をクグロフ型でかわいらしい表情に。

ココナッツフラワーをふるのは手軽なデコレーションアイデア（P.90）。クグロフ型による生地の立体感がより映えます。クグロフ型は、お菓子作りの楽しさを広げてくれる型。シンプルなお菓子も、美しい形によってぐんと洗練された印象に

● 材料（口径15cmのクグロフ型1台分）

a　薄力粉…90g
　　全粒粉…30g
　　ベーキングパウダー…7g
　　シナモンパウダー…1g
　　塩…1g

b　太白ごま油…55g
　　豆乳…60g
　　にんじん…正味70g
　　てんさい糖…40g
　　メープルシロップ…15g
　　レモン汁…5g
　　洋酒（ラム酒など）…少々
　　バニラエクストラクト…少々

c　くるみ…20g
　　カレンズ（P.85）…15g

洋酒（ラム酒など）…適量
ココナッツフラワー（好みで）…適宜

このケーキの生地は、アーモンドパウダーを加えないタイプ。にんじんの水分が加わった、やさしい口あたりです

● 下準備

・くるみは160℃のオーブンで10分空焼きし、粗く刻む。
・にんじんは皮をむき、フードプロセッサーで細かく刻む。
・型に太白ごま油（分量外）を塗る。
・オーブンを160℃に温める。

● 作り方

1　aをボウルにふるい入れる。別のボウルにbを上から順に入れ、そのつど泡立て器でよく混ぜる。
2　aにbを加えてゴムべらでさっくりと混ぜ、cも加え混ぜる。
3　型に入れてならす。160℃のオーブンで20分、天板の前後を返してさらに15分焼く（P.19で記した、焼く前と焼いた後に型を台や天板に打ちつける作業は不要）。
4　表面に洋酒を塗る。粗熱がとれたら型からはずし、上面と側面に洋酒を塗る。冷めたら好みでココナッツフラワーを茶漉しでふる。

ほかの型でも！
17×7×高さ6cmのパウンド型や、直径12cmの丸型でも作れます。詳しくは→P.89。

抹茶とココナッツのクグロフ

少し意外な組合せかもしれませんが、
抹茶のさわやかな苦みとココナッツのまろやかさがよく合います。
マーブル状の断面も魅力。仕上げにココナッツフラワーをふっても（P.33）。

材料（口径15cmのクグロフ型1台分）

a 薄力粉…115g
強力粉…15g
ココナッツファイン…15g
ベーキングパウダー…7g
塩…1g

b 太白ごま油…70g
豆乳…40g
ココナッツミルク…40g
てんさい糖…60g
レモン汁…6g
バニラエクストラクト…少々

c 抹茶…6g
てんさい糖…3g
ぬるま湯…20g

洋酒（グラン・マルニエなど）…適量

下準備

・**c**を合わせて溶く。
・型に太白ごま油（分量外）を塗る。
・オーブンを160℃に温める。

作り方

1 **a**をボウルにふるい入れる。別のボウルに**b**を上から順に入れ、そのつど泡立て器でよく混ぜる。

2 **a**に**b**を加えてゴムべらでさっくりと混ぜ、**c**を加えて大きく混ぜてマーブル状にする。

3 型に入れてならす。160℃のオーブンで20分、天板の前後を返してさらに15分焼く（P.19で記した、焼く前と焼いた後に型を台や天板に打ちつける作業は不要）。

4 表面に洋酒を塗る。粗熱がとれたら型からはずし、上面と側面に洋酒を塗る。

マーブル状の生地を作るコツ。まず、生地に数ヵ所、抹茶液をのせます。次に、底や周囲から大きく生地を返すようにして数回混ぜます。そして、ゴムべらでそっと生地を型に入れます。抹茶液を混ぜきらないことで、美しい緑が映える断面に。色や風味が夏をイメージさせるケーキです

ほかの型でも！
17×7×高さ6cmのパウンド型や、直径12cmの丸型でも作れます。詳しくは→P.89。

オレンジのソイヨーグルトケーキ

豆乳ヨーグルトをふんだんに加えた生地は、
さわやかでパンケーキのようにふんわりした口あたり。
オレンジを敷き詰めて表情もフレッシュに。

オレンジ1枚分のサイズでカットすると
かわいい。アーモンドパウダーを加え
ないタイプの軽やかな生地で、温かいう
ちに、または常温で食べるのがおすすめ。
トースターで軽く温めてもおいしいです

◉ 材料（18cm角の角型1台分）

a
薄力粉…150g	オレンジ…中約2個
強力粉…60g	てんさい糖…8g
ベーキングパウダー…10g	洋酒（グラン・マルニエなど）…8g
塩…2g	洋酒（グラン・マルニエなど）…適量

b
- 太白ごま油…80g
- 豆乳…25g
- 豆乳ヨーグルト…200g
- オレンジの果肉（下準備を参照）…25g
- てんさい糖…85g
- レモン汁…8g
- オレンジの皮（下準備を参照）…少々
- バニラエクストラクト…少々

◉ 下準備

・オレンジ約2個は皮をむき、中央部分を横に5mm厚さに計9枚スライ
　スする。バットに並べ、てんさい糖8gと洋酒8gを両面にふり、30
　分〜1時間おいてなじませる。残った端の部分の果肉25gは刻み、
　皮少々はすりおろして、どちらも**b**に使う。
・型にオーブンシートを敷く（P.89）。
・オーブンを160℃に温める。

◉ 作り方

1 **a**をボウルにふるい入れる。別のボウルに**b**を上から順に入れ、そ
　のつど泡立て器でよく混ぜる。

2 **a**に**b**を加えてゴムべらでさっくりと混ぜる。

3 型に入れてならし、表面にオレンジのスライスを並べ、バットに残
　った汁もふる。160℃のオーブンで20分、天板の前後を返してさら
　に25分焼く。

4 表面に洋酒を塗る。粗熱がとれたら型と紙をはずし、底面と側面に
　も洋酒を塗る。

豆乳を植物由来の乳酸菌で発酵させ
て作られる豆乳ヨーグルト（無糖）
を使い、ヨーグルトパンケーキのよ
うな生地に

ブルーベリーのソイヨーグルトケーキ

ソイヨーグルトケーキ（P.36）のバリエーション。
ブルーベリーをたっぷり加えてジューシーに。
丸型で高さを出して焼き上げます。

パンケーキにも似た独特なふんわり感と
弾力がある生地。焼きたての温かいうち
にどうぞ。温め直したものを朝食にする
のも素敵です

● 材料（直径15cmの丸型1台分）

a 薄力粉…150g
　強力粉…60g
　ベーキングパウダー…10g
　塩…2g

　ブルーベリー（生または冷凍）…100g
　てんさい糖…10g
　洋酒（グラン・マルニエなど）…10g
　洋酒（グラン・マルニエなど）…適量

b 太白ごま油…80g
　豆乳…50g
　豆乳ヨーグルト（P.37）…200g
　てんさい糖…80g
　レモン汁…8g
　バニラエクストラクト…少々

● 下準備

・ブルーベリーにてんさい糖10gと洋酒10gをふり、30分〜1時間
　おいてなじませる。
・型にオーブンシートを敷く（P.89）。
・オーブンを160℃に温める。

型の高さぎりぎりまでふくらんだ焼
き上がり（使っている丸型は高さ6cm）。
角型で作るのとはまた違った印象の
仕上がりに

● 作り方

1 aをボウルにふるい入れる。別のボウルにbを上から順に入れ、そ
　のつど泡立て器でよく混ぜる。
2 aにbを加えてゴムべらでさっくりと混ぜ、ブルーベリーを6粒ほ
　ど残して汁ごと加え混ぜる。
3 型に入れてならし、2で残したブルーベリー約6粒を表面に散らし
　て軽く押さえる。160℃のオーブンで20分、天板の前後を返してさ
　らに25分焼く。
4 表面に洋酒を塗る。粗熱がとれたら型と紙をはずし、底面と側面に
　も洋酒を塗る。

焼いた後に少し落ち着かせると、ブ
ルーベリーの甘みが引き立ちます。
生のブルーベリーがない時は、冷凍
品を使うと手軽

クラシックショコラ

ヴィーガンと知っていちばん驚かれるお菓子かもしれません。
リッチでなめらか、カカオの香り豊かなうっとりする味わい。
とっておきの人に、とっておきの時間に、ぜひ。

焼きたては少しふくらんだ状態で、とてもやわらか。冷めるとやや沈みます

● 材料（直径15cmの丸型1台分）

a		c	
薄力粉…45g		カカオマス…65g	
強力粉…15g		ココナッツミルク…80g	
ココアパウダー…45g		メープルシロップ…80g	
ベーキングパウダー…8g		太白ごま油…45g	
塩…1g			

b｜太白ごま油…30g
　｜木綿豆腐（水分を軽くとったもの）…155g
　｜てんさい糖…80g
　｜バニラエクストラクト…少々
　｜洋酒（ブランデーなど）…少々

● 下準備

・木綿豆腐はキッチンペーパーで軽く水分をとる（キッチンペーパー3枚
　がぬれるくらい。豆腐がくずれてもOK。P.43も参照）。
・型にオーブンシートを敷く（P.89）。
・オーブンを150℃に温める。

● 作り方

1 cをボウルに入れ、湯煎にかけてカカオマスを溶かす。別のボウル
　にaをふるい入れる。
2 フードプロセッサーにbを入れてなめらかになるまで撹拌し、cを
　加えてさらに撹拌する。
3 2をaに加え、泡立て器でつやが出るまでしっかり混ぜる。
4 型に入れてならす。150℃のオーブンで20分、天板の前後を返して
　さらに20分焼く（P.19で記した、焼く前と焼いた後に型を台や天板に打ち
　つける作業は不要）。
5 冷めたら型ごと冷蔵庫で2時間以上冷やす。

くずれやすいので冷やしてから切るのがコツ。でも、冷やす前のものも、くずれやすいですが、ほろりとやわらかくてとてもおいしいです！

ココアパウダー（分量外）を茶漉しでふると、よりシックな表情に。豆乳クリームなどを添えても

カカオマスはチョコレートの原料で、焙煎後のカカオ豆をペースト状にして固めたもの。カカオの風味を強く打ち出したいお菓子で使っています

ラズベリーショコラ

「クラシックショコラ」（P.40）の濃厚な生地で、
甘酸っぱいラズベリージャムをサンド。
最高のマリアージュでいっそう特別感のあるお菓子に。

ラズベリージャムは冷凍しても完全には固まらず、スプーンですくえます。冷凍すると生地の上でダレないのでジャムの存在感が増し、生地とのメリハリもしっかり感じられます

● 材料（18cm角の角型1台分）

a　薄力粉…65g
　　強力粉…20g
　　ココアパウダー…65g
　　ベーキングパウダー…10g
　　塩…1g

b　太白ごま油…40g
　　木綿豆腐
　　（水分を軽くとったもの）…210g
　　てんさい糖…100g
　　バニラエクストラクト…少々
　　洋酒（ブランデーなど）…少々

c　カカオマス（P.41）…85g
　　ココナッツミルク…110g
　　メープルシロップ…110g
　　太白ごま油…65g

ラズベリージャム（P.51。凍らせたもの）…80g
ココアパウダー（好みで）…適宜
ラズベリーフレーク（フリーズドライ。好みで）…適宜

● 下準備

・木綿豆腐はキッチンペーパーで軽く水分をとる（キッチンペーパー3枚
　がぬれるくらい。豆腐がくずれてもOK）。
・型にオーブンシートを敷く（P.89）。
・オーブンを150℃に温める。

角型はいろんな切り方ができるのも魅力。2等分して一方は四角く、もう一方は三角に切るといったこともできます。ここでは8等分のバーに

● 作り方

1　cをボウルに入れ、湯煎にかけてカカオマスを溶かす。別のボウル
　にaをふるい入れる。
2　フードプロセッサーにbを入れてなめらかになるまで撹拌し、cを
　加えてさらに撹拌する。
3　2をaに加え、泡立て器でつやが出るまでしっかり混ぜる。半量を
　型に入れてならし、ラズベリージャムをティースプーンですくって
　14ヵ所くらいに落とし、残りの生地を入れてならす。
4　150℃のオーブンで20分、天板の前後を返してさらに25分焼く
　（P.19で記した、焼く前と焼いた後に型を台や天板に打ちつける作業は不要）。
5　冷めたら型ごと冷蔵庫で2時間以上冷やす。型と紙をはずして適宜
　カットし、好みでココアパウダーを茶漉しでふってラズベリーフレー
　クを散らす。

水気をとった豆腐を加えてなめらかな生地に。豆腐のほか、太白ごま油やココナッツミルクなども使って、なめらかさやコクを表現します

chapter 2

マフィン
muffin

おいしさのひみつ

◎ ココナッツミルクでふんわり

水分として牛乳ではなく豆乳を加えますが、豆乳は牛乳よりも脂質が少なめ。
また、一般的なマフィンでは生クリームを使うレシピもあることから、
水分だけでなく脂質も豊富なココナッツミルクも加えて、コクがあってやわらかい、
ふんわりした生地に仕立てています。どれもココナッツの風味は前面に出ない配合です。

◎ 全粒粉で粉の風味をアップ

マフィンは加える具材によって生まれるバリエーションの豊かさが
楽しいお菓子ですが、生地の量も多く、粉の味わいも大きなポイント。
そこで薄力粉と強力粉のほかに全粒粉も加えて、
独特のこうばしさや歯ごたえをプラスしています。

◎ 混ぜすぎないよう意識して

粉と水分を合わせてから混ぜすぎると、
グルテンの影響で口あたりが固くなります。
強力粉が多めでグルテンが作られやすい生地なので、
とくに混ぜすぎないように意識するとよいですよ。

◎ メープルシロップで甘みに幅を

甘みのベースはてんさい糖ですが、
メープルシロップを組み合わせることで
独特のコクのある甘さが加わり、
全体の甘みに幅が生まれて洗練された味わいになります。

Dragon
Michiko

プレーンマフィン

プレーンマフィン

マフィンは具材も大きな魅力ですが、
生地のみの味わいを楽しむレシピもお気に入り。
おやつにも朝ごはんにも向きますよ。

● 材料（口径 7.5 ×底径 5.5 ×
高さ 3cmのマフィン型 6 個分）

a | 薄力粉…205g
強力粉…35g
全粒粉…35g
ベーキングパウダー…10g
塩…1g

b | 豆乳…145g
ココナッツミルク…70g
てんさい糖…45g
メープルシロップ…20g
太白ごま油…75g

● 下準備

・型にグラシンカップを敷く。

・オーブンを 170℃に温める。

※今回登場するマフィンはすべて同
じサイズです。

1

aを合わせてボウルにふるい入れ
る。ざるに残った全粒粉などもす
べてボウルに入れる。

2

先にほかの材料を
混ぜておくと油が
なじみやすいです

別のボウルにbの太白ごま油以外
の材料を入れて泡立て器で混ぜ、
その後、太白ごま油を加え混ぜる。

3

てんさい糖のザラザラ感がなくな
り、油がなじんで白っぽくなれば
OK。

4

1 に 3 を加えてゴムべらでさっく
りと混ぜる。最初は中央で 8 の字
を描くようにして混ぜると、粉が
とび散りにくい。

5

混ざってきたら、周囲をぐるりと
はらうようにして混ぜ、その後、
底からすくうようにして混ぜると、
効率よく混ざる。

6

ケーキよりも弾力
がある生地。混ぜ
すぎると食感が固
くなるので、より
気をつけて

粉っぽさがなくなり、全体が均一
になれば混ぜ終わり。

オリジナルマフィンも作れます！
90gくらいまでなら、好みの具材を「プレーンマフィン」の生地に加えることもできます。具材は**5**でまだ粉っぽさが残っているうちに加えましょう。詳しくは→P.88。

7

型の下にはスケールが。確実に大きさがそろいます

型に生地を均等に入れる。型をスケールにのせて量りながら入れるとやりやすい（生地量が約640gなので、約106gずつ入れる）。

8

170℃のオーブンで15分、天板の前後を返してさらに8分焼く。

9

粗熱がとれたら型からはずす。

外側はさっくり、中はふんわり。やわらかさとコクの決め手はココナッツミルク。生クリームのような役割です

このままでも充分おいしい配合ですが、メープルシロップなどをつけても合います。スープと一緒に朝食にも

クランベリーと
マカダミアナッツのマフィン

ブルーベリーアーモンド
マフィン

ブルーベリーアーモンドマフィン

マフィンの具の定番といえば、みずみずしいブルーベリー。
マリネしたアーモンドスライスをのせてアクセントをつけました。

● 材料（口径7.5cmのマフィン型6個分）

a │ 薄力粉…205g
　│ 強力粉…35g
　│ 全粒粉…35g
　│ ベーキングパウダー…10g
　│ 塩…1g

b │ 豆乳…135g
　│ ココナッツミルク…70g
　│ てんさい糖…40g
　│ メープルシロップ…20g
　│ 太白ごま油…75g

c │ ブルーベリー（生または冷凍）…65g
　│ てんさい糖…5g
　│ 洋酒（グラン・マルニエなど）…5g

d │ アーモンドスライス…25g
　│ 太白ごま油…3g
　│ メープルシロップ…3g

● 下準備

・cを合わせ、30分〜1時間おいてなじませる。
・dを合わせる。
・型にグラシンカップを敷く。
・オーブンを170℃に温める。

● 作り方

1 aをボウルにふるい入れる。別のボウルにbの太白ごま油以外の材料を入れて泡立て器で混ぜ、太白ごま油も加えてよく混ぜる。

2 aにbを加えてゴムべらでさっくりと混ぜ、cを汁ごと加え混ぜる。

3 型に生地を均等に（約116gずつ）入れ、表面にdを均等にのせる。

4 170℃のオーブンで15分、天板の前後を返してさらに8分焼く。

油と甘みをまとわせたアーモンドスライスが焼く間にほどよくキャラメリゼされ、食感や風味に楽しい変化がつきます

クランベリーとマカダミアナッツのマフィン

クランベリーの甘酸っぱさに、マカダミアナッツの
ほんのりミルキーな味わいとサクサクした食感がよく合います。

● 材料（口径7.5cmのマフィン型6個分）

aとbは上記と同じ

c │ ドライクランベリー（粗く刻む）…65g
　│ マカダミアナッツ（粗く刻む）…30g
　│ 洋酒（ブランデーなど）…10g
　│ てんさい糖…5g

● 下準備

・cを合わせてドライクランベリーがやわらかくなるまで1時間ほどおく。
・上記と同様に型とオーブンを準備する。

● 作り方

1〜2 上記と同じ。

3 型に生地を均等に（約122gずつ）入れる。

4 上記と同じ。

個性が対照的な素材を組み合わせるとおいしい一例。マカダミアナッツは空焼きせずに加えてOKです

いちごジャムマフィン

まろやかな生地といちごジャムは、みんなが好きな組合せ。
甘さひかえめの自家製ジャムが中にも隠れています。
ジャムは市販品でも。いろいろ試すのも楽しいと思います。

いちごジャムはスプーンで生地に少し押し込むようにして入れるのがコツ。なお、市販のジャムを使う場合は、甘みが強ければ加える量を少し減らしてください

◉ 材料（口径7.5cmのマフィン型6個分）

a | 薄力粉…205g
　| 強力粉…35g
　| 全粒粉…35g
　| ベーキングパウダー…10g
　| 塩…1g

b | 豆乳…135g
　| ココナッツミルク…70g
　| てんさい糖…40g
　| メープルシロップ…20g
　| 太白ごま油…75g

＊いちごジャム…約100g

◉ 下準備

・型にグラシンカップを敷く。
・オーブンを170℃に温める。

◉ 作り方

1 **a**をボウルにふるい入れる。別のボウルに**b**の太白ごま油以外の材料を入れて泡立て器で混ぜ、太白ごま油も加えてよく混ぜる。
2 **a**に**b**を加えてゴムべらでさっくりと混ぜる。
3 型1個につき生地約40g、いちごジャム約8g、生地約60g、いちごジャム約8gを順に入れる。
4 170℃のオーブンで15分、天板の前後を返してさらに8分焼く。

＊いちごジャム

● 材料（作りやすい分量）

a | いちご（生または冷凍）…正味200g
　| てんさい糖…65g
　| 水…15g

b | レモン汁…8g
　| 洋酒（キルシュなど）…5g

1 **a**（いちごは生の場合はへたをとる）を鍋に入れ、中火にかける。途中、ゴムべらで混ぜていちごをつぶす。ゴムべらで混ぜた時にその跡が残るくらいまで煮詰めたら火を止める。
2 **b**を加え混ぜ、冷ます。

※清潔な密閉容器に入れ、冷蔵で約2週間保存できます。

＊ラズベリージャム
（P.43で使用）

いちごのかわりにラズベリー（冷凍）を使って、「いちごジャム」と同様に作る。ただし、冷ます前にざるで漉して種を除く。保存の方法や期間も「いちごジャム」と同じ。

さつまいもマフィン

かぼちゃとヘーゼルナッツのマフィン

さつまいもマフィン

軽い食事にも向く、食べごたえのあるマフィン。
甘みが強くくずれにくい安納芋や、紅あずま、紫芋などが向いています。

● 材料（口径 7.5cmのマフィン型 6 個分）

a | 薄力粉…205g
| 強力粉…35g
| 全粒粉…35g
| ベーキングパウダー…10g
| 塩…1g

b | 豆乳…145g
| ココナッツミルク…70g
| てんさい糖…40g
| メープルシロップ…20g
| 太白ごま油…75g

さつまいも…正味 100g
太白ごま油…適量
てんさい糖…15g
塩、水…各少々
洗いごま（黒。またはシナモンパウダー、
ブルーポピーシード）…少々

● 下準備

・さつまいもは皮をむき、1cm角に切る。太白ごま油を熱した鍋に入れ、てんさい糖、塩を加えて炒める。水を加え、さつまいもがやわらかくなり、水分がとんで照りが出てきたら火を止めて、冷ます。
・型にグラシンカップを敷く。
・オーブンを 170℃に温める。

● 作り方

1 aをボウルにふるい入れる。別のボウルにbの太白ごま油以外の材料を入れて泡立て器で混ぜ、太白ごま油も加えてよく混ぜる。
2 aにbを加えてゴムべらでさっくり混ぜ、さつまいもも加え混ぜる。
3 型に生地を均等に（約125gずつ）入れ、表面に洗いごまをふる。
4 170℃のオーブンで 15 分、天板の前後を返してさらに 8 分焼く。

かぼちゃとヘーゼルナッツのマフィン

ほっくりしたかぼちゃと、カリッとこうばしいヘーゼルナッツの組合せ。
かぼちゃのやさしい甘みが生地によくなじみます。

● 材料（口径 7.5cmのマフィン型 6 個分）

aとbは上記と同じ

かぼちゃ…正味 90g
太白ごま油…適量
てんさい糖…15g
塩、水…各少々
ヘーゼルナッツ…20g

● 下準備

・かぼちゃは皮ごと 1cm角に切る。太白ごま油を熱した鍋に入れ、てんさい糖、塩を加えて炒める。水を加え、かぼちゃがやわらかくなり、水分がとんで照りが出てきたら火を止めて、冷ます。
・ヘーゼルナッツは 160℃のオーブンで 10 分空焼きし、皮つきの場合は皮をむき（P.25）、粗く刻む。
・上記と同様に型とオーブンを準備する。

● 作り方

1 上記と同じ。
2 aにbを加えてゴムべらでさっくり混ぜ、かぼちゃとヘーゼルナッツも加え混ぜる。
3 型に生地を均等に（約126gずつ）入れる。
4 上記と同じ。

キャラメルバナナマフィン

アップルクランブルマフィン

アップルクランブルマフィン

クランブルと相性のよいフルーツのなかでも、りんごはとびきり。
おすすめは紅玉やふじなど。皮つきりんごが愛らしい表情を作ります。

● 材料（口径7.5cmのマフィン型6個分）

a｜薄力粉…205g
　｜強力粉、全粒粉…各35g
　｜ベーキングパウダー…10g
　｜塩…1g

b｜豆乳…135g
　｜ココナッツミルク…70g
　｜てんさい糖…40g
　｜メープルシロップ…20g
　｜太白ごま油…75g

りんご…中約1/2個（正味80g）
太白ごま油…適量
てんさい糖…10g
レモン汁…5g
シナモンパウダー…少々
洋酒（ブランデーなど）…少々
＊クランブル生地（P.31）…約40g

● 下準備

・りんごは皮ごと4等分のくし形に切る。そのうちの1切れを横に6
　等分し（計6個：飾り用）、残りの3切れは皮をむいて横に6等分す
　る（計18個）。太白ごま油を熱した鍋に入れ、てんさい糖、レモン
　汁、シナモンを加えて炒める。飾り用の皮つきりんごは、てんさい
　糖がなじんだら先にとり出す。皮なしりんごはしんなりするまで炒
　めて洋酒を加え、水分がとぶまでさらに炒めて、冷ます。
・型にグラシンカップを敷き、オーブンを170℃に温める。

● 作り方

1 aをボウルにふるい入れる。別のボウルにbの太白ごま油以外の材
　料を入れて泡立て器で混ぜ、太白ごま油も加えてよく混ぜる。
2 aにbを加えてゴムべらでさっくりと混ぜる。
3 型1個につき生地約40g、皮なしりんご3個、生地約60gを順に入
　れ、指でそぼろ状にほぐしたクランブル生地を表面に均等に散らし、
　皮つきりんごを1個ずつのせて軽く押さえる。シナモンをふる。
4 170℃のオーブンで15分、天板の前後を返してさらに8分焼く。

キャラメルバナナマフィン

ほろ苦くすっきりした後味のカラメルソースが、バナナの甘さとマッチ。
マーブル状に混ぜることで、ひと口ごとに味の変化を楽しめます。

● 材料（口径7.5cmのマフィン型6個分）

aとbは上記と同じ

バナナ（完熟）…正味60g
てんさい糖…5g
洋酒（ラム酒など）…5g
＊カラメルソース（P.65）…25g
ココナッツファイン…10g
バナナ（完熟。飾り用。3mm厚さのスライス）
…6枚

● 下準備

・バナナ（正味60g）は縦に半割りにしてから5mm幅に切り、てんさい
　糖、洋酒と合わせる。
・上記と同様に型とオーブンを準備する。

● 作り方

1 上記と同じ。
2 aにbを加えてゴムべらでさっくりと混ぜ、バナナ（汁ごと）、カラ
　メルソース、ココナッツファインを加えて大きく混ぜてマーブル状
　にする。
3 型に生地を均等に（約120gずつ）入れ、飾り用のバナナをのせる。
4 上記と同じ。

コーヒーラムレーズンマフィン　　　　抹茶とあずきとくるみのマフィン

コーヒーラムレーズンマフィン

ビターで大人っぽい素材どうしの組合せ。
甘いものが苦手な方にもファンが多いマフィンです。

● 材料（口径 7.5cm のマフィン型 6 個分）

a | 薄力粉…205g
　 | 強力粉、全粒粉…各 35g
　 | ベーキングパウダー…10g
　 | 塩…1g

b | 豆乳…140g
　 | ココナッツミルク…70g
　 | てんさい糖…40g
　 | メープルシロップ…20g
　 | 太白ごま油…75g

c | レーズン…65g
　 | ラム酒…15g
　 | コーヒー豆（P.29）…12g
　 | ココナッツファイン…10g
　 | メープルシロップ…10g

● 下準備

・レーズンはラム酒を加え、半日〜1 日おいてやわらかくする。コーヒー豆はミルなどで細かく挽く（挽いてある粉を使っても OK）。c のほかの材料と合わせる。
・型にグラシンカップを敷く。
・オーブンを 170℃に温める。

● 作り方

1 a をボウルにふるい入れる。別のボウルに b の太白ごま油以外の材料を入れて泡立て器で混ぜ、太白ごま油も加えてよく混ぜる。
2 a に b と c を加えてゴムべらでさっくりと混ぜる。
3 型に生地を均等に（約 123g ずつ）入れる。
4 170℃のオーブンで 15 分、天板の前後を返してさらに 8 分焼く。

抹茶とあずきとくるみのマフィン

抹茶風味の和風マフィン。漉しあんや白あんなどでも作れます。
あんこはやわらかめであれば、ぬるま湯でのばさずそのままで OK です。

● 材料（口径 7.5cm のマフィン型 6 個分）

a | 薄力粉…205g
　 | 強力粉、全粒粉…各 35g
　 | ベーキングパウダー…10g
　 | 抹茶…7g
　 | 塩…1g

b | 豆乳…140g
　 | ココナッツミルク…70g
　 | てんさい糖…45g
　 | メープルシロップ…20g
　 | 太白ごま油…75g

粒あん…90g
ぬるま湯…10g
くるみ（粗く刻む）…20g

● 下準備

・粒あんはぬるま湯でのばして少しやわらかくする。
・上記と同様に型とオーブンを準備する。

● 作り方

1 上記と同じ。
2 a に b を加えてゴムべらでさっくりと混ぜる。
3 型 1 個につき生地約 45g、粒あん約 8g、生地約 60g、粒あん約 8g を順に入れ（粒あんの入れ方は P.51 のいちごジャムの入れ方を参照）、表面にくるみを均等に散らす。
4 上記と同じ。

チョコレートヘーゼルナッツ
マフィン

いちごチョコレートマフィン

チョコレートヘーゼルナッツマフィン

カカオ感いっぱいの生地にナッツを合わせた、しっかりした味わい。
カカオニブがない場合は、そのぶんチョコを増やしてもよいですよ。

● 材料（口径7.5cmのマフィン型6個分）

a 薄力粉…195g
　強力粉…30g
　全粒粉…35g
　ココアパウダー…20g
　ベーキングパウダー…10g
　塩…1g

b 豆乳…140g
　ココナッツミルク…70g
　てんさい糖…40g
　メープルシロップ…20g
　太白ごま油…75g

c ヘーゼルナッツ…55g
　チョコレート…35g
　カカオニブ（P.74）…10g
　洋酒（ブランデーなど）…10g

● 下準備

・ヘーゼルナッツは160℃のオーブンで10分空焼きし、皮つきの場合は皮をむき（P.25）、粗く刻む。チョコレートも粗く刻む。cのほかの材料と合わせる。
・型にグラシンカップを敷く。
・オーブンを170℃に温める。

● 作り方

1 aをボウルにふるい入れる。別のボウルにbの太白ごま油以外の材料を入れて泡立て器で混ぜ、太白ごま油も加えてよく混ぜる。
2 aにbとcを加えてゴムべらでさっくりと混ぜる。
3 型に生地を均等に（約124gずつ）入れる。
4 170℃のオーブンで15分、天板の前後を返してさらに8分焼く。

いちごチョコレートマフィン

いちごの色と形を生かして飾った、かわいらしいチョコマフィン。
小粒のいちごが向きますが、大粒なら粒を減らして小さめに切って使っても。

● 材料（口径7.5cmのマフィン型6個分）

aは上記と同じ

b 豆乳…140g
　ココナッツミルク…70g
　てんさい糖…40g
　メープルシロップ…20g
　チョコレート…20g
　太白ごま油…75g

いちご…小18粒
てんさい糖…10g
洋酒（キルシュなど）…5g

● 下準備

・いちごはへたをとって縦に半割りにし（計36個）、てんさい糖、洋酒と合わせる。
・チョコレートは粗く刻む。
・上記と同様に型とオーブンを準備する。

● 作り方

1 上記と同じ。
2 aにbを加えてゴムべらでさっくりと混ぜる。
3 型1個につき生地約45g、いちご3個、生地約60gを順に入れ、表面にいちごを3個ずつのせて軽く押さえる。
4 上記と同じ。

じゃがいもと
ローズマリーのマフィン

コーンブレッド

じゃがいもとローズマリーのマフィン

じゃがいもはほくほく系がおすすめの、塩味のお食事マフィン。
ローズマリーはドライのものやハーブミックス少量にかえてアレンジしても。

● 材料（口径7.5cmのマフィン型6個分）

a
薄力粉…200g
強力粉、全粒粉…各35g
ベーキングパウダー…10g
塩…3g
野菜ブイヨン（粉末）…2g

b
豆乳…150g
ココナッツミルク…70g
メープルシロップ…25g
太白ごま油…75g

じゃがいも…正味約110g（中約1個分）
オリーブオイル…適量
塩…1g
黒粒こしょう（挽く）…適量
ローズマリー（生）…約1/2本
水…少々

● 下準備

・じゃがいもは皮をむき、1.5cm角に切ったものを30個作る。オリーブオイルを熱した鍋に入れ、塩、黒粒こしょう、半量のローズマリーを加えて炒める。水を加え、じゃがいもがやわらかくなって水分がとんだら火を止めて、冷ます。
・型にグラシンカップを敷く。
・オーブンを170℃に温める。

● 作り方

1 aをボウルにふるい入れる。別のボウルにbの太白ごま油以外の材料を入れて泡立て器で混ぜ、太白ごま油も加えてよく混ぜる。
2 aにbを加えてゴムべらでさっくりと混ぜる。
3 型1個につき生地約40g、じゃがいも2個、生地約60gを順に入れ、表面にじゃがいもを3個ずつのせて軽く押さえる。残りのローズマリーの葉にオリーブオイルをつけて表面に飾る。
4 170℃のオーブンで15分、天板の前後を返してさらに8分焼く。

コーンブレッド

お店ではとうもろこしの旬の時期のみにお出しする、人気のマフィン。
フレッシュなとうもろこしの甘さは格別ですが、冷凍コーンでも作れます。

● 材料（口径7.5cmのマフィン型6個分）

a
薄力粉…190g
強力粉…30g
コーンミール（P.87）…50g
ベーキングパウダー…12g
塩…4g

b
豆乳…60g
ココナッツミルク…50g
てんさい糖…25g
メープルシロップ…15g
とうもろこし（生または冷凍）
…正味180g（大約1本分）
太白ごま油…85g

● 下準備

・とうもろこしは、生の場合は包丁で粒をこそげとる。冷凍の場合は半解凍する。どちらの場合もフードプロセッサーで細かく刻む。
・上記と同様に型とオーブンを準備する。

● 作り方

1〜2 上記と同じ。
3 型に生地を均等に（約116gずつ）入れる。
4 上記と同じ。

プリンもヴィーガン！

chapter 3

卵や牛乳で作るおやつとしてだれもが思い浮かべるプリンも、ヴィーガンで楽しんでみませんか。

ひと目見て、ひと口食べて「プリンだ！」と驚かれる、とっておきのレシピをご紹介します。

満足感いっぱい、でも後味は軽やかな特製プリン。型から抜くプロセスも胸がときめく時間です。

ひんやり固まったら、テーブルに

ふたをあけてアルミカップに器をかぶせたら、そのままひっくり返し

カップの真ん中にペティナイフをさすと空気が入って

カップを持ち上げると、簡単にきれいに抜けました

お皿を左右に揺らしてみると…

ぷるぷるです！

スプーンとってこよう

いただきまーす！

バニラプリン

バニラプリン

バニラの品のよい甘い香りが広がる、幸せな味。
ねっとりしたなめらかさや豊かなコクと
ほろ苦いカラメルソースの相性も抜群です。

● 材料（容量120ccのアルミカップ6個分）

a 豆乳…400g
　米飴…45g
　メープルシロップ…45g
　てんさい糖…35g
　粉寒天…2g
　バニラビーンズ…2cm

b 豆乳…100g
　コーンスターチ…9g

太白ごま油…35g
洋酒（ブランデーなど）…少々
＊カラメルソース…48g

● 下準備

・アルミカップにカラメルソースを8g
ずつ入れ、冷凍庫に20〜30分入れて
固める。

・バニラビーンズにはさみで縦に切込み
を入れる。

※今回登場するプリンはすべて、容器をかえてい
るものも、同じアルミカップ6個分の分量です。

1

片手鍋に**a**をすべて入れて中火に
かけ、ゴムべらで混ぜながら加熱
する。

2

沸騰させて粉寒天
や米飴をしっかり
溶かします

沸いて鍋の上のほうまで泡が上が
ってきたら、いったん火を止める。

3

ボウルに**b**をすべて入れて泡立て
器で混ぜる。

4

3を**2**に加え、ふたたび中火で混
ぜながら加熱する。

5

もったりした状態になり、ふたた
び沸いて鍋の上のほうまで泡が上
がってきたら火を止める。少し冷
ます。

6

ミキサーを活用し
てふんわり、なめ
らかなプリン液に

バニラビーンズをいったん除く。
太白ごま油を入れたミキサーに移
し入れ、ふたを押さえて約30秒
間攪拌する。熱いので注意。

ふたつきのアルミカップで作ると、プレゼントにもぴったり。「cotta」(P.92)の「アルミ容器フルカール407」(ふたは別売り)を使っています

米飴は粘度が高い甘味料。くっつきやすいので、容器のふたはきつく閉めないほうが、次に使う時にあけやすいです

耐熱であれば、どんな容器でも。一般的なプリン型の場合は、プリンの縁を親指で押して型との間にすき間を作ると、型からはずしやすいです

7

太白ごま油がしっかりなじんだ、表面が泡立った状態。

8

ざるで漉してボウルに移し入れる。6で除いたバニラビーンズもざるに入れ、ゴムべらでざるにこすりつけて中の種をボウルに移す。

9

> カラメルソースと混ざらないように、粗熱をとってから入れます

洋酒を加え混ぜ、粗熱をとる。カラメルソースを敷いたカップに均等に入れ、冷蔵庫で約2時間冷やし固める。

＊カラメルソース

● 材料（作りやすい分量）
てんさい糖…90g
水…30g + 60g

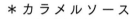

バニラビーンズでバニラの豊かな甘い香りを強調。ない場合は洋酒と一緒にバニラエクストラクト少々を加えてください

1

片手鍋にてんさい糖と水30gを入れ、強火にかける。てんさい糖が溶けるまではゴムべらで混ぜたり鍋を揺すったりして加熱する。

2

しっかりした焦げ茶色になり、湯気とともに少し煙が立ちはじめたら、すぐに火を止める。

3

水60gをゆっくり加える。はねるので注意。

4

弱火にかけて一度沸騰させてでき上がり。冷ましてから使う。清潔な密閉容器に入れ、冷蔵で約1週間保存可能。

pudding

ヴィーガンプリン
おいしさのひみつ

◎ コーンスターチ＆寒天でソフトに固める

卵を使わないヴィーガンプリンは、何によって固めるかがポイントのひとつ。
寒天だけでは歯切れのよい固さでプリンらしさに欠けるので、
コーンスターチなどを合わせて、ぷるんとしたほどよい固さに仕立てています。

◎ 太白ごま油やメープルシロップでコクをおぎなう

卵黄の脂質によるコクは、太白ごま油で表現。
また、てんさい糖のみだとあっさりし過ぎるので、
メープルシロップでもコクをおぎないます。

◎ ミキサーでなめらか＆ふんわり

材料をミキサーでしっかり撹拌することで、
ふんわりなめらかな口あたりに仕上がります。

◎ 米飴が“卵感”のカギ

米飴は、お米を麦芽で糖化させた、伝統的な甘味料。粘度が高く、
プリン液のふんわり感を保ってくれます。また、懐かしさのある甘さが、卵がもつクセに
どこか似ていて、卵のような風味を出してくれる隠れた決め手でもあります。

◎ カラメルとバニラが大事

バニラの甘い香りやほろ苦いカラメルソースは、
じつは卵以上にプリンらしさを感じさせる要素。香り高く仕上げましょう。
なお、バニラビーンズはバニラの香りが主役の「バニラプリン」でのみ
使っていますが、余ったらほかのプリンでも使えます。
その場合はバニラエクストラクトのかわりに、P.64のレシピを参考にして加えてください。

抹茶プリン

抹茶のほろ苦さをきかせた、大人っぽい味わい。
抹茶はあと 2g くらいまで増やしてより濃厚にしても。

● **材料**（容量 120cc のアルミカップ 6 個分）

a | 豆乳…400g
  | 米飴…45g
  | メープルシロップ…45g
  | てんさい糖…35g
  | 粉寒天…2g

b | 豆乳…100g
  | コーンスターチ…9g

c | 抹茶…7g
  | てんさい糖…3g
  | ぬるま湯…12g
  | 太白ごま油…35g

d | 洋酒（ブランデーなど）…少々
  | バニラエクストラクト…少々

＊カラメルソース（P.65）…48g

● **下準備**

・アルミカップにカラメルソースを 8g ずつ入れ、冷凍庫に 20 ～ 30 分入れて固める。

・c の抹茶、てんさい糖、ぬるま湯を合わせて溶き、太白ごま油と混ぜ合わせる。ミキサーに入れておく。

● **作り方**

1 片手鍋に a を入れて中火にかけ、ゴムべらで混ぜながら加熱する。沸騰したらいったん火を止める。

2 ボウルに b を入れて泡立て器で混ぜ、1 に加えてふたたび中火で混ぜながら加熱する。

3 もったりしてきてふたたび沸騰したら火を止める。少し冷ましてから c の入ったミキサーに移し入れ、約 30 秒間撹拌する。

4 漉しながらボウルに移し入れ、d を加え混ぜる。粗熱がとれたらカップに均等に入れ、冷蔵庫で約 2 時間冷やし固める。

かぼちゃプリン

ほくほくしたかぼちゃが向きます。
バットで作れば、すくう量はお好みしだい。

● **材料**（容量約750ccのホーローバット1台分）

a かぼちゃ…正味70g
太白ごま油…30g
豆乳…360g
米飴…42g
メープルシロップ…42g
てんさい糖…30g
粉寒天…2g

b 豆乳…90g
コーンスターチ…8g

c 洋酒（ブランデーなど）…少々
バニラエクストラクト…少々

＊カラメルソース（P.65）…48g

● **下準備**

・バットにカラメルソースを入れ、冷凍庫に20〜30分入れて固める。

● **作り方**

1 かぼちゃは皮をむき、薄いいちょう切りにする。太白ごま油を熱した片手鍋に入れ、油がなじむまで炒めたら、**a**のほかの材料を加え、ゴムべらで混ぜながら中火で煮る。沸騰してかぼちゃに火が通ったら、いったん火を止める。

2 ボウルに**b**を入れて泡立て器で混ぜ、**1**に加えてふたたび中火で混ぜながら加熱する。

3 もったりしてきてふたたび沸騰したら火を止めて少し冷まし、ミキサーに移し入れて約30秒間撹拌する。

4 漉しながらボウルに移し入れ、**c**を加え混ぜる。粗熱がとれたらバットに入れ、冷蔵庫で約2時間冷やし固める。

※ここでは豆乳クリーム（市販品）、シナモンパウダー、ピンクペッパー（P.79）、ローズマリーでデコレーションしています。

チョコレートプリン

ビターなカカオ感をきかせた味わい。
グラスで作ってそのままいただくスタイルに。

● 材料（容量約150ccの耐熱グラス6個分）

a 豆乳…400g
米飴…45g
メープルシロップ…45g
てんさい糖…40g
カカオマス（P.41）…25g
粉寒天…2g

b 豆乳…100g
ココアパウダー…15g

太白ごま油…35g
洋酒（ブランデーなど）…少々
バニラエクストラクト…少々
＊カラメルソース（P.65）…48g

● 下準備＆作り方

・「バニラプリン」（P.63）と同じ。ただし、バニラビーンズは加えず、洋酒とともにバニラエクストラクトを加え混ぜる。

※ここでは豆乳クリーム（市販品）、オレンジ、ブルーベリー、ピスタチオ、ペパーミントでデコレーションしています。

chapter 4

クッキー

cookie

おいしさのひみつ

◎主役を際立たせる

シンプルなクッキーはとくに、主役となる要素を際立たせると印象的な味わいに。
たとえば「アーモンドクッキー」は、アーモンドパウダーではなく、
ホールの皮つきアーモンドを空焼きして直前に挽いたものを使うのがポイント。
アーモンドのこうばしさが際立ち、満足度がぐんとアップします。

◎楽しい食感に

食感はクッキーの大きな魅力。型抜きクッキーは厚さ4mmにし、
カリッ、サクッとする軽快な歯ざわりに仕立てています。
一方、スノーボールクッキー系はほろっ、「グラノーラクッキー」はザクザク。
それぞれ異なる食感を楽しんで。

◎生地をのばす時は厚手のポリ袋で

ご紹介する型抜きクッキーはとてもやわらかい生地ですが、厚手のポリ袋に入れることで
簡単にのばせます。生地を余計にさわることなく、よい状態で仕上げられます。

◎型抜きする生地は冷凍庫で冷やす

型抜きクッキーの生地は、いったん冷やして型で抜きやすくします。
太白ごま油を使う私の生地はとてもやわらかく、
冷蔵庫では固まりにくいので、冷凍庫で冷やすのがコツです。

Dragon
Michiko

アーモンドクッキー

アーモンドクッキー

挽きたての皮つきアーモンドが主役。
カリッと軽快な歯ざわりとともに、
アーモンドのこうばしさとコクが豊かに広がります。

● 材料（直径6cmの抜き型を使用・約18枚分）

a 薄力粉…110g
アーモンド（皮つき）…40g
塩…1g

b 太白ごま油…40g
豆乳…30g
てんさい糖…40g
バニラエクストラクト…少々

● 下準備

・アーモンドは160℃のオーブンで10分空焼きする。

・**10**で生地を冷凍庫から出してから、天板にオーブンシートを敷き、オーブンを155℃に温める。

1

> アーモンドのこうばしい香りがふわっと立ちのぼります！

空焼きしたアーモンドをフードプロセッサーで細かく刻む。粗い砂状になればOK。

2

1と**a**のほかの材料を合わせてボウルにふるい入れる。ざるに残ったアーモンドなどもすべてボウルに入れる。

3

別のボウルに**b**を上から順に入れ、そのつど泡立て器で混ぜる。てんさい糖のザラザラ感がなくなり、油がなじんで白っぽくなればOK。

4

> 混ぜすぎると食感が固くなるので気をつけて

2に**3**を加えてゴムべらでさっくりと混ぜる。中央からなじませ、次に周囲や底からすくうようにして混ぜると、効率よく混ざる。

5

粉っぽさがなくなり、全体が均一になれば混ぜ終わり。厚手のポリ袋に入れる。

6

ポリ袋の底側に生地を寄せ、ポリ袋を横置きにする。

7

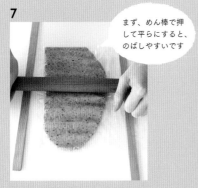

まず、めん棒で押して平らにすると、のばしやすいです

生地の両側に厚さ4mmのルーラーを置き、めん棒で生地をポリ袋の底側の3辺にそわせてすき間なくのばす。角までぴっちりと。

8

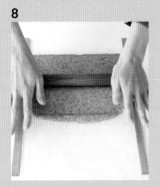

次に、ポリ袋の底側を手前にして置く。同じルーラーを両側に置き、ポリ袋の左右の辺にそわせて生地をすき間なくのばす。

9

とてもやわらかい生地なので冷凍庫に。型抜きしやすくなります

薄い生地がムラなく焼けるように前後を2回返して焼きます

ポリ袋の底側を奥にし、同様にのばして均一に厚さ4mmにする。のばし終えたらバットなどにのせ、冷凍庫で30分以上冷やし固める。

10

9をとり出し、ポリ袋を口側を手前にして置く。ポリ袋の片方の長辺とそれに続く短辺をはさみで切って開いてシート状にする。

11

抜き型で生地を抜き、天板に並べる。残り生地もいったんシートで包んでまとめ、シートではさんで同様に厚さ4mmにのばして抜く。

12

155℃のオーブンで8分、天板の前後を返して8分、ふたたび天板の前後を返してさらに4分焼く。金網にのせて冷ます。

[便利な道具1]

厚手のポリ袋

生地をのばす時のポリ袋は、34cm×23cmの12号と呼ばれる規格袋の、厚さが0.03mmのものを使っています。サイズがちょうどよく、厚みがあって破れにくい。やわらかい生地も扱いやすく、打ち粉も不要。後片づけも簡単です。スコーン（P.80〜87）でも使っています

[便利な道具2]

ルーラー

ルーラーを生地の両側に置いて上からめん棒を転がすと、簡単に均一な厚みにのばせます。なくてものばせますが、あると仕上がりの美しさがアップ。ルーラーは製菓道具店で扱われていますが、私は「東急ハンズ」で見つけた、ちょうどよい厚みのヒノキの板を活用しています

チョコレートクッキー

作り方は「アーモンドクッキー」(P.71) と一緒。
ココアパウダー&カカオニブによる、インパクトのあるカカオ感が魅力です。

材料（直径 6cmの抜き型を使用・約18枚分）

a 薄力粉‥100g
アーモンド（皮つき）‥30g
ココアパウダー‥10g
カカオニブ‥8g
塩‥1g

b 太白ごま油‥40g
豆乳‥35g
てんさい糖‥50g
バニラエクストラクト‥少々

● **下準備&作り方**

「アーモンドクッキー」(P.71) と同じ。

カカオニブは、発酵・焙煎を経たカカオ豆を砕いたもの。生地に加えるとビターなカカオ感を表現でき、カリッとした食感もアクセントになります。手に入りにくい場合は、チョコレートにかえても

くるみとごまのクッキー

ごま団子に似た姿がユニーク。こうばしい素材どうしを組み合わせました。
生地のタイプは「スノーボールクッキー」(P.76) と一緒です。

● 材料 (約32個分)

a 薄力粉…110g
 くるみ…25g
 洗いごま (黒と白) …計5g
 コーンスターチ…10g
 てんさい糖…40g
 塩…1g

b 太白ごま油…50g
 豆乳…18g
 バニラエクストラクト…少々

 洗いごま (飾り用。黒と白) …計約40g

● 下準備

・くるみと洗いごま (飾り用を除く) はフードプロセッサー
 でパウダー状の一歩手前くらいまで細かく刻む。
・天板にオーブンシートを敷く。
・オーブンを150℃に温める。

● 作り方

1 aをボウルにふるい入れ、bを加えてゴムべらでさっく
 りと混ぜる。1個8gに分割して丸める。

2 ボウルに飾り用の洗いごまを合わせて混ぜる。1を6〜
 10個ずつ入れてはボウルを揺すって生地にごまをまぶ
 し、つきにくいところは手でつける。天板に並べる。

3 150℃のオーブンで8分、天板の前後を返して8分、ふ
 たたび天板の前後を返して4分焼く。

スノーボールクッキー

いちごのスノーボールクッキー

スノーボールクッキー

サクサク、ほろほろの、やわらかな口あたりがたまりません。
くるみのこうばしさと、てんさい糖のやさしい甘さがあとをひきます。

● 材料（約28個分）

a | 薄力粉…110g
  | アーモンドパウダー…10g
  | くるみ…20g
  | コーンスターチ…10g
  | てんさい糖…15g
  | 塩…1g

b | 太白ごま油…50g
  | 豆乳…10g
  | バニラエクストラクト…少々

c | てんさい糖…60g
  | コーンスターチ…3g

● 下準備

・くるみはフードプロセッサーでパウダー状の一歩手前くらいまで細かく刻む。
・cを合わせて混ぜる。
・天板にオーブンシートを敷き、オーブンを150℃に温める。

● 作り方

1 aをボウルにふるい入れ、bを加えてゴムべらでさっくりと混ぜる。
2 1個8gに分割して丸め、天板に並べる。150℃のオーブンで8分、天板の前後を返して8分、ふたたび天板の前後を返して4分焼き、粗熱をとる。
3 ボウルにcを半量入れ、2を6〜10個ずつ入れてはボウルを揺すってまぶし、生地をとり出す。ボウルに残りのcを足し、生地をふたたび同様に入れてはまぶす。つきにくいところは手でまぶす。

てんさい糖（とコーンスターチを混ぜたもの）を生地にムラなくつけるコツは、数個ずつまぶすことと、一度まぶした後にもう1回まぶすこと。また、生地が冷めきらないうちにまぶすのもポイントです

いちごのスノーボールクッキー

いちごの甘酸っぱさと淡いピンク色をまとわせてアレンジ。
白のスノーボールクッキーとともに、とくに冬に人気です。

● 材料（約28個分）

基本的には「スノーボールクッキー」と同じ。ただし、aのコーンスターチを3gにし、aにいちごパウダー（フリーズドライ）3gを加える。また、cのコーンスターチを2gにし、cにいちごパウダー（フリーズドライ）2gを加える。

● 下準備＆作り方

「スノーボールクッキー」と同じ。

グラノーラクッキー

ザクザクした歯ごたえとともに、
さまざまな具材の味わいが顔を出します。
天板にスプーンで落として焼く、手軽なドロップクッキーです。

生地をティースプーンで天板にのせる時
は、少し平たくすると表面積が広くなっ
て、食感がよりザクザクします

🟤 材料 (約19個分)

a
ココナッツファイン…10g
カシューナッツ…10g
オレンジピール（またはレモンピール）…10g
ドライクランベリー…10g
ピンクペッパー…約18粒
カルダモンパウダー
（またはシナモンパウダー）…少々
洋酒（グラン・マルニエなど）…5g

b
太白ごま油…30g
豆乳…10g
メープルシロップ…20g
バニラエクストラクト…少々

c
オートミール…60g
薄力粉…20g
てんさい糖…10g
塩…1g

🟤 下準備

・カシューナッツ、オレンジピール、ドライクランベリーは粗く刻む。
　aのほかの材料と合わせてボウルに入れ、約1時間おいてなじませる。
・天板にオーブンシートを敷く。
・オーブンを140℃に温める。

🟤 作り方

1 **a**に**c**をふるい入れ、**b**も加えてゴムべらでさっくりと混ぜる。
2 ティースプーンで約10gずつすくい、天板にのせる。
3 140℃のオーブンで10分、天板の前後を返して10分、ふたたび天
　板の前後を返して4分焼く。

甘くやわらかなカシューナッツはイ
ンドなどが主産地で、私のなかでは
夏のイメージ。ナッツを含め、具材
は季節でかえてみても楽しいですよ

さわやかな甘い香りをもつカルダモ
ン。私はホールを挽いて（写真）固
い部分などを除いて使っていますが、
パウダーを使うとより手軽に楽しめ
ます。入手しにくければシナモンに
かえても。またはなくても作れます

ピンクペッパーの、ほんのりスパイ
シーで甘酸っぱい風味と、焼いても
あせない色がアクセントに

chapter 5

スコーン
scone

おいしさのひみつ

◎全粒粉で粉の風味を前面に

スコーンは、粉のおいしさを味わうお菓子。
そこで、薄力粉に全粒粉を加えて粉の味わいを際立たせ、
こうばしさやザクザクした食感も強調しています。

◎型抜きでもドロップでも

型で丸く抜くスコーンと、より手軽な"ドロップスコーン"をご紹介。
(ドロップスコーンとは、イギリスでは伝統的に小さなパンケーキ状に焼くものをさしますが、この本では、
成形せずにスプーンで天板に落として<＝ドロップ>焼くスコーンを、ドロップスコーンと呼んでいます。)
どのレシピもどちらの形にもできるので、形をかえたい場合は
作りたい形のレシピを参考にして作ってください。
なお、具材が大きめの場合は、ドロップスコーンのほうが作りやすいです。

◎型抜きする生地は3つ折りに

とてもやわらかい生地で最初はべたつきますが、
のばして3つ折りにすることをくり返すうちに、なめらかになります。
型抜きクッキーの場合と同様に厚手のポリ袋を活用するので、
意外と簡単にできますよ。

◎型抜きする生地は冷凍庫で冷やす

型で抜く生地は、冷蔵庫ではなく冷凍庫で冷やします。
充分に冷やすことで型で抜く時に断面がつぶれず、
生地が上にふくらみやすくなります。手で横半分にきれいに割れる、
いわゆる"腹割れ"("狼の口"とも言うそう)した焼き上がりに。

プレーンスコーン

プレーンスコーン

ザクッとした食感と、粉そのものの味わいを楽しんで。
ここでは正統派の形に仕上がる型抜きタイプをご紹介。
P.85やP.87のやり方でドロップタイプにもできますよ。

● 材料（直径5cmの抜き型を使用・約9個分）

a 薄力粉…240g
　全粒粉…60g
　てんさい糖…45g
　ベーキングパウダー…10g
　塩…2g

太白ごま油…75g
豆乳…130g

● 下準備

・厚手のポリ袋（P.73）を口側を手前にして置き、片方の長辺とそれに続く短辺をはさみで切って開いて1枚のシートにする。

・**12**で生地を冷凍庫から出してから、天板にオーブンシートを敷き、オーブンを160℃に温める。

※ルーラーについてはP.73を参照。今回、型抜きするスコーンは、生地をのばす時には厚さ1cmのルーラーを、型抜きする時には厚さ1cmのルーラーを3本重ねたものを、生地の両側に置いて使っています。

1

aを合わせてボウルにふるい入れる。ざるに残った全粒粉などもすべてボウルに入れる。

2

太白ごま油を加え、片手でつかむようにして粉類と混ぜる。ある程度なじんだら、両手を使って指ですり合わせるようにして混ぜる。

3

混ぜすぎると食感が固くなるので気をつけて

粗い砂状になったら、豆乳を半量加えて片手で大まかに混ぜる。残りの豆乳を加え、片手で底から返すようにして混ぜる。

4

まだ粉っぽさが残っていてもOK。シートを横長に置き、左半分にカードなどで**3**をのせて、右半分をかぶせて生地をはさむ。

5

シートの折り目を手前にして置く。生地の両側に厚さ1cmのルーラーを置き、めん棒で生地を押して平らにしてから、厚さ1cmにのばす。

6

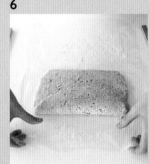

シートをはがし、シートの奥側を持って生地の1/3を手前に折りたたむ。さらに同じ要領でたたんで3つ折りにする。

オリジナルスコーンも作れます！
45gくらいまでなら、好みの具材を「プレーンスコーン」の生地に加えることもできます。具材は **3** でまだ粉っぽさが残っているうちに加えましょう。詳しくは→P.88。

7

徐々に生地がべたつかなくなります

3つ折りになったらシートをはがす。手前からシートを生地にかぶせ、**5～6**をふたたび行って3つ折りにして、シートをはがす。

10

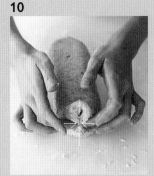

シートごと生地を縦置きにする。生地の両端をそれぞれ、上下左右から内側に折り込むようにして閉じる。生地にシートをかぶせる。

13

残り生地をシートでまとめ、3つ折り1回後、厚さ3cmにして抜く。160℃のオーブンで11分、天板の前後を返してさらに12分焼く。

8

シートの左右を持ち、生地を中央に向かって1/3ずつ折りたたんで3つ折りにする。

11

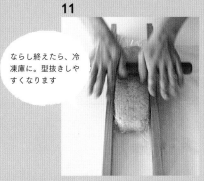

ならし終えたら、冷凍庫に。型抜きしやすくなります

厚さ1cmのルーラーを3本重ねたものを両側に置き、めん棒で厚さ3cmにならす。バットなどにのせ、冷凍庫で30分以上冷やす。

そのままでも味わい深く、"腹割れ"した側面から2つに割って、シンプルにメープルシロップをかけてもおいしい。朝食にも向きます

9

3つ折りになったらシートをはがす。手前からシートを生地にかぶせ、**5～6**をふたたび行って3つ折りにして、シートをはがす。

12

断面をつぶさず層を保つことが、美しい形に焼き上げるコツ

冷凍庫からとり出して**11**と同様にならし、シートをはがす。両側にルーラーをあてながら生地を抜き型で抜き、天板に並べる。

紅茶とカレンズの
ドロップスコーン

ココナッツスコーン

紅茶とカレンズのドロップスコーン

ワンボウルで作れて成形もいらない、手軽なドロップタイプ。
紅茶の種類はお好みで。ほかのお茶で試してみるのもおもしろいと思います。

🍂 材料（約9個分）

a 薄力粉…240g
全粒粉…60g
てんさい糖…45g
ベーキングパウダー…10g
紅茶の茶葉（アールグレイなど）…4g
塩…2g

太白ごま油…75g
豆乳…135g
カレンズ…40g

🍂 下準備

・紅茶の茶葉はミルサーなどで細かく挽く
（ティーバッグの茶葉など、もともと細かいも
のであれば、そのままでOK）。
・4で生地を冷蔵庫から出してから、天板
にオーブンシートを敷き、オーブンを
160℃に温める。

🍂 作り方

1 aをボウルにふるい入れる。太白ごま油
を加えて片手でつかむようにして粉類と
混ぜ、ある程度なじんだら両手の指です
り合わせるようにして混ぜて粗い砂状に
する。
2 豆乳を半量ずつ加え、そのつど片手で全
体を大まかに混ぜて生地をまとめる。カ
レンズも加え、カードで切るようにして
さらに混ぜて状態を均一にしてまとめる。
3 ボウルにラップをし、冷蔵庫で30分以
上やすませる。
4 3の生地をテーブルスプーンで65〜
70gずつすくい、天板にのせる（P.87も
参照）。160℃のオーブンで11分、天板
の前後を返してさらに12分焼く。

カレンズは小粒で風味の濃いレーズ
ン。紅茶の香りとよく合います。一
般的なレーズンを刻んで使っても

ココナッツスコーン

ココナッツファインによって、ほんのり甘い香りとサクサク感をプラス。
べたつきにくく、型抜きしやすい生地でもあります。

🍂 材料（直径5cmの抜き型を使用・約9個分）

a 薄力粉…240g
全粒粉…60g
ココナッツファイン…45g
てんさい糖…45g
ベーキングパウダー…10g
塩…2g

太白ごま油…75g
豆乳…135g
メープルシロップ（好みで）…適宜

🍂 下準備＆作り方

「プレーンスコーン」（P.81）と同じ。つや
を出したい場合は、焼く前に生地の上面に
メープルシロップを薄く塗る。

メープルシロップは"塗り卵"的に
も使えます（P.90）。ハケで薄く塗っ
て焼くと、焼き上がりがつややかに

※左写真では、2種類のスコーンにメープルシロップ、「いち
ごジャム」（P.51）、豆乳クリーム（市販品）、タイムを添え
ています。いろんな組合せをお楽しみください。

チョコレートとくるみの
ドロップスコーン

コーンミールスコーン

チョコレートとくるみのドロップスコーン

間違いない定番素材の組合せを、カジュアルなドロップスコーンに。
チョコもくるみもごろごろ、たっぷり。ザクザク感も引き立ちます。

🌀 材料（約9個分）

a | 薄力粉…240g
　 | 全粒粉…60g
　 | てんさい糖…45g
　 | チョコレート…20g
　 | くるみ…25g
　 | ベーキングパウダー…10g
　 | 塩…2g

太白ごま油…75g
豆乳…135g

🌀 下準備

・くるみは160℃のオーブンで10分空
　焼きし、粗く刻む。
・チョコレートも粗く刻む。
・4で生地を冷蔵庫から出してから、天
　板にオーブンシートを敷き、オーブン
　を160℃に温める。

🌀 作り方

1 aをボウルにふるい入れる。太白ごま油
　を加えて片手でつかむようにして粉類と
　混ぜ、ある程度なじんだら両手の指です
　り合わせるようにして混ぜて粗い砂状に
　する。

2 豆乳を半量ずつ加え、そのつど片手で全
　体を大まかに混ぜて生地をまとめる。さ
　らにカードで切るようにして混ぜて状態
　を均一にしてまとめる。

3 ボウルにラップをし、冷蔵庫で30分以
　上やすませる。

4 3の生地をテーブルスプーンで65～
　70gずつすくい、天板にのせる。160℃
　のオーブンで11分、天板の前後を返し
　てさらに12分焼く。

ドロップスコーンは、生地を天板に
こんもりと高さが出るようにのせる
と、焼き上がりがかわいいです

コーンミールスコーン

コーンミールのやさしい甘さやプチプチした食感がクセになります。
ジャムやクリームとも合い、朝食にも向く、万能スコーンです。

🌀 材料（直径5cmの抜き型を使用・約9個分）

a | 薄力粉…240g
　 | コーンミール…60g
　 | 全粒粉…20g
　 | てんさい糖…45g
　 | ベーキングパウダー…10g
　 | 塩…2g

太白ごま油…75g
豆乳…135g

🌀 下準備＆作り方

「プレーンスコーン」（P.81）と同じ。

コーンミールは乾燥させたとうもろ
こしを挽いたもの。ほんのりこうば
しく、生地に心地いい食感もプラス

お菓子作りメモ

知っておくと役立つこと、楽しいこと

◎食べ頃や日持ちのこと

ケーキ

焼き上がってから少しおいて、生地が落ち着いた頃が食べ頃。午前中に作った場合は、午後に食べるくらいがベストです。ラップで包んで乾燥を防ぎ、冷蔵保存で2〜3日間が日持ちの目安。冷凍も可能です。食べる時は常温にもどすか、または少し冷えた状態でもおいしい。例外的なケースは、それぞれのお菓子で記しています。

マフィン、スコーン

焼き上がって温かさが感じられるうちに食べるのがベスト。厚手のポリ袋などに入れて乾燥を防ぎ、常温で保存（いたみやすい具材の場合や暑い時期は冷蔵庫へ）。日持ちは約2日間。冷凍も可能です。食べる時は常温にもどした後、表面に霧吹きで（または指で水をはじいて）水分をおぎない、オーブントースターで軽く温めると焼きたてに近づきます。

プリン

冷蔵庫で冷やし固めたできたてが、もっとも風味豊か。冷蔵で2〜3日間が日持ちの目安です。

クッキー

焼き上がって熱がとれた頃がベスト。密閉容器に入れるなどして湿気を防ぎ、常温で保存します。日持ちは約1週間。

◎オリジナルお菓子も作れます！

「パウンドケーキ」（P.17）、「プレーンマフィン」（P.45）、「プレーンスコーン」（P.81）では、生地に好みの具材を加えるアレンジもご提案しています。ここでは具材を加える時のコツをご紹介。具材の種類などは、この本のお菓子のレシピも参考に、いろいろ試してお楽しみください！

「パウンドケーキ」「プレーンマフィン」の場合

ナッツやドライフルーツ、チョコレートなど乾燥している具材は、生地の水分を吸うため生地が固くなりやすいので、洋酒などを少量ふってなじませて（マリネ）から加えるのがおすすめです。逆に、生のフルーツなど水分が多い具材は、生地が部分的に生焼けになりやすいので、てんさい糖などを少量ふってマリネして浸透圧で水分を出したり、少量のてんさい糖などとともに炒めて水分をとばしたりしてから加えるのがおすすめ。ほどよく甘みもおぎなえます。なお、マリネした汁は、いずれも具材と一緒に加えてOKです。また、ジャムやカラメルソースなど、液状かそれに近いものを具材にする場合は、やはり生地が水っぽくなりやすいので、少なめに加えるか、乾燥した具材と一緒に加えたほうがよく、とくにココナッツファインは水分を吸いやすいので組み合わせる具材として向いています。

「プレーンスコーン」の場合

スコーンの生地は、水分量が多い具材はあまり向きません。乾燥している具材はそのまま加えてOK。なお、大きめの具材を加える場合は、生地をのばしたり、型で抜いたりしにくいので、ドロップスコーンにするのがおすすめです。

◎角型、丸型のオーブンシートの敷き方

角型

1

底面と側面を合わせたサイズよりもやや大きめにオーブンシートを切る。中央に型をのせる。

2

底面の4辺にそってオーブンシートに折り目をつける。

3

2でつけた折り目をガイドに、底面の角に向かって4ヵ所切込みを入れる。

4

折り目にそって型に敷き込む。でき上がり。

丸型

1

底面のサイズに合わせて円形に切ったオーブンシートを敷く。型の円周よりもやや長めで型の高さよりもやや幅広に切ったオーブンシート（写真では2枚に分けてカット）を側面にそわせる。

2

でき上がり。

ここではしていませんが、角型も丸型も、オーブンシートを敷く前に底面と側面に太白ごま油をハケで薄く塗っておいてもよく、そうするとオーブンシートがよりぴったりつきます

◎ほかの型でも！

17×7×高さ6cmのパウンド型

直径12cmの丸型

口径15cmのクグロフ型

ケーキの章で登場する左の3つの型は、容量がほぼ同じなので、この3つのなかで型をかえても作れます。使う型によって雰囲気をかえられるのも、お菓子作りの楽しさです。ただ、たとえばパウンド型で作る場合は、型に入れた生地に基本的に縦線を引きますが（P.19）、ほかの型の場合は引かなくてよいなど、型によって多少かわってくる点があります。型をかえる時は、使う型で作られているお菓子のレシピを参考にして適宜調整してください。

◎ デコレーションと包装のアイデア

クリームやフルーツなどを添えて

そのままの表情も魅力的ですが、豆乳のクリームやアイスクリーム、フルーツなどを添えるとぐんと華やかになり、おもてなしにもぴったり。写真は「パイナップルクランブルケーキ」（P.30）の例。温かいひと切れに豆乳クリーム、シナモンパウダー、ピンクペッパー（P.79）、タイムをあしらいました。なお、豆乳クリームは手軽な市販品（P.92）を使っています。

ココナッツフラワーを粉糖がわりに

「キャロットケーキ」（P.32）の例のように、ココナッツフラワーは飾り用の粉糖がわりに使えます。余分な甘みをつけずに済み、少量であればココナッツの風味を感じることもありません。写真は「いちごジャムマフィン」（P.50）にふった例。ソイヨーグルトケーキ（P.36、38）などにふってもきれいです。ふり過ぎると粉っぽくなるのでご注意を。

メープルシロップを塗ってつやを出す

「バナナケーキ」（P.26）でもご紹介していますが、メープルシロップは焼き上がったケーキやマフィンのつや出しにも使えます。ただし、クグロフ型で焼いたケーキには向きません。つやは焼き面に塗ることで出るのですが、クグロフ型での焼き面はでき上がりでは底になるからです。なお、メープルシロップは"塗り卵"的な使い方も（P.85）。いずれも厚く塗ると甘くなるので気をつけて。

マスキングテープで封をする

お店ではロゴシールを貼ったケースの底に乾燥剤を入れてクッキーを詰め、ふたはマスキングテープで封をしています。ふだんから気に入った柄をいろいろ集めておき、季節やイベントなどに合わせて使うのも楽しいですよ。写真で封をしているのは、クリスマスの柄です。

カットしたケーキは、好みの袋や箱でラッピングする前にワックスペーパーで包んでおくと、油分がしみ出しにくく、乾燥も防げます。型の種類別に包み方をご紹介。いずれも約27×15cmのワックスペーパーを2つ折りにして使っています。

丸型

1

写真のようにワックスペーパーにケーキをのせる。

2

ケーキの断面にそってワックスペーパーを折り、先端の余分を片側に折る。

3

でき上がり。折っていない側は適宜、入れる袋などに合わせて折る。

角型 パウンド型

1

写真のようにワックスペーパーにケーキをのせる。向かい合う2つの断面にそってワックスペーパーを折る。

2

次に、残りの断面の片方にそって折り、余分が三角形になるように重ねる。もう片方の断面も同様にする。

3

三角形の部分をそれぞれ底側に折りたたむ。

4

でき上がり。

角型と同じ要領で包む。

◎小麦粉不使用、ナッツ不使用のお菓子

この本には、一部ですが、小麦粉不使用、ナッツ不使用のお菓子もあります。

小麦粉不使用 すべてのプリン（P.62〜69）

※米飴の原材料として大麦麦芽は使われています。

ナッツ不使用（ただし、ココナッツ、カカオ製品を使うものを含む）

すべてのプリン（P.62〜69）、「抹茶とココナッツのクグロフ」（P.34）、「オレンジのソイヨーグルトケーキ」（P.36）、「ブルーベリーのソイヨーグルトケーキ」（P.38）、「クラシックショコラ」（P.40）、「ラズベリーショコラ」（P.42）、「プレーンマフィン」（P.45）、「いちごジャムマフィン」（P.50）、「さつまいもマフィン」（P.52）、「キャラメルバナナマフィン」（P.54）、「コーヒーラムレーズンマフィン」（P.56）、「いちごチョコレートマフィン」（P.58）、「じゃがいもとローズマリーのマフィン」（P.60）、「コーンブレッド」（P.60）、「プレーンスコーン」（P.81）、「紅茶とカレンズのドロップスコーン」（P.84）、「ココナッツスコーン」（P.84）、「コーンミールスコーン」（P.86）

※上記以外でも、生地のベースに使うのではなく、具材としてナッツを加えるお菓子は、ナッツをドライフルーツなどほかの素材にかえたり、はぶいたりすることも可能です。

素材リスト

この本で使っているおもな銘柄をご紹介します。

Ⓚ、Ⓣ、Ⓒマークがついた商品は下記のお店で通販で購入できます。
Ⓚ…こだわり食材 572310.com（粉に砂糖ドットコム）楽天店
（ナチュラルキッチン）https://www.rakuten.ne.jp/gold/nk/
Ⓣ…TOMIZ（富澤商店）https://tomiz.com/
Ⓒ…cotta（コッタ）https://cotta.jp/

穀類、膨張剤

●薄力粉

「薄力粉 ファリーヌ」
（江別製粉）Ⓚ ※1

●強力粉

「パン用小麦粉 香麦（春よ恋
ブレンド）」（江別製粉）Ⓚ

●全粒粉

〈マフィン、ケーキに使用〉

「パン用全粒粉」
（江別製粉）Ⓚ

〈スコーンに使用〉

「北海道産全粒粉
春よ恋（石臼挽き）」Ⓣ

●コーンスターチ

「有機コーンスターチ」
（アリサン）

豆乳製品

●ベーキングパウダー

「ラムフォード ベーキング
パウダー（アルミニウムフリー）」
（アリサン）Ⓚ、Ⓣ、Ⓒ

●豆乳

「有機豆乳無調整」
（マルサンアイ）Ⓒ

●豆乳ヨーグルト

「豆乳グルト プレーン」
（マルサンアイ）

●豆乳クリーム

「濃久里夢（こくりーむ）
ほいっぷくれーる」Ⓒ

油

●太白ごま油

「マルホン 太白胡麻油」
（竹本油脂）Ⓣ、Ⓒ

糖類

●てんさい糖

「北海道産 ビート糖
（てん菜糖）粉末タイプ」
（山口製糖）Ⓣ

●メープルシロップ

〈焼き菓子に使用〉

「オーガニック・メープル
シロップ ダーク／
ロバストテイスト」Ⓚ

〈プリンに使用〉

「オーガニック・メープル
シロップ ゴールデン／
デリケートテイスト」Ⓚ

●米飴

「米水飴」（ミトク）Ⓒ

洋酒

●グラン・マルニエ

「グラン マルニエ
コルドン ルージュ」
（ドーバー洋酒貿易）Ⓣ、Ⓒ

フルーツ類

●レモン汁

「有機レモン ストレート果汁
100％」（ビオカ）Ⓚ、Ⓣ

●カレンズ

「オーガニック・カレンツ」Ⓚ

●ドライクランベリー

「オーガニック・ドライ
クランベリー（砂糖不使用）」Ⓚ

●オレンジピール

「オーガニック・
オレンジピール」Ⓚ

●ラズベリーフレーク

「フリーズドライフレーク
フランボワーズ」Ⓣ

ナッツ、ココナッツ、ごま

●アーモンド

「オーガニック・アーモンド
ホール（カーメル種・生）」Ⓚ

●アーモンドパウダー

「ふわっと芳醇アーモンド
（パウダー・生）」Ⓚ

●ココナッツミルク

「COCOMI 有機
ココナッツミルク」（ミトク）

●ココナッツファイン

「オーガニック・
デシケイテッドココナッツ
（ファイン）」Ⓚ

●ココナッツフラワー

「オーガニック・
ココナッツフラワー」Ⓚ

カカオ製品

●洗いごま

「有機あらいごま・黒」
「有機あらいごま・白」（ムソー）

●チョコレート

「オーガニック・ダーク
チョコレート C61」Ⓚ ※2

●カカオマス

「カカオマス」Ⓚ

●カカオニブ

「有機カカオニブ」Ⓣ

●ココアパウダー
「オーガニック・
ココアパウダー F21」Ⓚ

塩、スパイス、香料

●塩

「海の精 あらしお」（海の精）

●シナモンパウダー

「オーガニック・
シナモンパウダー」
（ヴォークス・トレーディング）Ⓚ

●バニラエクストラクト
「バニラエキストラクト
（海外有機認証品）」（アリサン）
Ⓚ、Ⓣ、Ⓒ

その他

●抹茶

「森半 有機宇治抹茶」
（共栄製茶）

●粒あん
「天然美食 有機小倉あん」
（遠藤製餡）

●野菜ブイヨン

「ナトゥールコンパニー
オーガニック ベジタブル
ブイヨン（粉末）」（CHOOSEE）

※1 Ⓣ、Ⓒでも同銘柄の取扱いあり。
※2 一部に乳成分を含む（製造工場で乳成分と小麦を含む製品を製造）。
※掲載商品のなかには、製造工場で卵、乳成分、小麦、落花生、
　そば、えび、かになどを含む製品を製造しているものもあります。

あとがきにかえて

　昔、働きはじめの頃にこんなことがありました。先輩と同じようにお菓子を作っているつもりなのに、同じようにはでき上がらない。先輩が作ったお菓子はキラキラしていて、ショーケースに並べると先に選ばれていきます。なぜだろう、一生懸命作っているのに…。やがて気づいたのは、"お菓子に自分を持ち越さない"ことが大事ということ。それからは、素材や生地にまっすぐに向き合えるようになり、私のお菓子もお客さまに選ばれるようになりました。

　お菓子を作る時、その場で起きていることをキャッチするようにしています。そうすれば、素材や生地が次に何をすべきかを教えてくれる。自分は手助けする程度、といった感覚です。自我はいらない、"一生懸命"すらもいらない。もちろん、その前にはレシピ作りに試行錯誤し、一つひとつの工程をみがき、お客さまにどうしたら喜んでいただけるかも精一杯考える。でも、作りはじめたら"今"に集中する。おいしいレシピで吟味した材料で作るのだから、かならずおいし

くなる。素材と自分への信頼をもとに作ります。

　こう考えるようになったのは、お芝居に携わっていた経験も影響しているかもしれません。たくさんお稽古を重ねても、本番ではそれを手ばなして、"今"に集中する。お菓子も同じ。まっさらな気持ちで目の前のことにとり組んだ結果として、お芝居は感動を生み、お菓子はキラキラしたエネルギーあふれるものになるのだと思います。

　なんて、実際はいくつものお菓子を開店時刻までに焼き上げるのにバタバタして、なかなかむずかしかったりもするのですが…（笑）。でも、これからもこんなふうにお菓子に向き合い、私らしいお菓子を表現していきたい。

　パワフルなドラゴンのように、お客さまに、そしてこの本を手にとってくださった皆さまに、お菓子をとおして元気をお届けできますように。

山口道子

山口道子 やまぐちみちこ

カフェなどで料理や製菓を担当し、2010年から独学でヴィーガンのお菓子を研究。2013年から3年間、ヴィーガンカフェでパティシエを務め、最終的には店長を務める。2018年1月にヴィーガンお菓子とカフェの小さなお店「Dragon Michiko」をオープン。軽やかでいて満足感いっぱいの独自のお菓子が、多くの人を驚かせ、笑顔にしている。やさしい空気が流れる店舗に足しげく通うファン多数。

Dragon Michiko ドラゴン ミチコ
東京都武蔵野市吉祥寺本町 2-18-7
tel 0422-22-7668
http://www.dragon-michiko.tokyo/
日々の情報は https://www.instagram.com/dragonmichiko.tokyo/

食材協力
・こだわり食材 572310.com（粉に砂糖ドットコム）
　楽天店（ナチュラルキッチン）https://www.rakuten.ne.jp/gold/nk/
・TOMIZ（富澤商店）https://tomiz.com/
・cotta（コッタ）https://cotta.jp/

卵・乳製品・白砂糖を使わずにつくる
本当においしいヴィーガンお菓子

初版発行　2021年4月30日
2版発行　2022年3月31日

著者ⓒ　山口道子

発行者　丸山兼一
発行所　株式会社 柴田書店
　　　　東京都文京区湯島 3-26-9 イヤサカビル 〒113-8477
　　　　電話 営業部 03-5816-8282（注文・問合せ）
　　　　　　 書籍編集部 03-5816-8260
　　　　URL https://www.shibatashoten.co.jp/

印刷・製本　公和印刷株式会社

ISBN 978-4-388-06332-1
Printed in Japan
© Michiko Yamaguchi 2021